Aktuelle und klassische Sozial- und Kulturwissenschaftlerlnnen

Reihe herausgegeben von
Stephan Moebius, Institut für Soziologie, Karl-Franzens-Universität Graz, Graz, Österreich

Die von Stephan Moebius herausgegebene Reihe zu Kultur- und Sozialwissenschaftler*innen der Gegenwart ist für all jene verfasst, die sich über gegenwärtig diskutierte, zuweilen auch fast vergessene, herausragende Autor*innen auf den Gebieten der Kultur- und Sozialwissenschaften kompetent informieren möchten. Die einzelnen Bände dienen der Einführung und besseren Orientierung in das aktuelle, sich rasch wandelnde und immer unübersichtlicher werdende Feld der Kultur- und Sozialwissenschaften.

Verständlich geschrieben, übersichtlich gestaltet – für Leser*innen, die auf dem neusten Stand bleiben möchten.

Christian Papilloud · Cécile Rol

Zur Aktualität von Marcel Mauss

Einführung in sein Werk

Springer VS

Christian Papilloud
Institut für Soziologie
Martin-Luther-Universität
Halle-Wittenberg
Halle (Salle), Deutschland

Cécile Rol
Institut für Soziologie
Martin-Luther-Universität
Halle-Wittenberg
Halle (Salle), Deutschland

ISSN 2625-9389 ISSN 2625-9397 (electronic)
Aktuelle und klassische Sozial- und KulturwissenschaftlerInnen
ISBN 978-3-658-45250-6 ISBN 978-3-658-45251-3 (eBook)
https://doi.org/10.1007/978-3-658-45251-3

Die Deutsche Nationalbibliothek verzeichnet diese Publikation in der Deutschen Nationalbibliografie; detaillierte bibliografische Daten sind im Internet über https://portal.dnb.de abrufbar.

© Der/die Herausgeber bzw. der/die Autor(en), exklusiv lizenziert an Springer Fachmedien Wiesbaden GmbH, ein Teil von Springer Nature 2024

Das Werk einschließlich aller seiner Teile ist urheberrechtlich geschützt. Jede Verwertung, die nicht ausdrücklich vom Urheberrechtsgesetz zugelassen ist, bedarf der vorherigen Zustimmung des Verlags. Das gilt insbesondere für Vervielfältigungen, Bearbeitungen, Übersetzungen, Mikroverfilmungen und die Einspeicherung und Verarbeitung in elektronischen Systemen.
Die Wiedergabe von allgemein beschreibenden Bezeichnungen, Marken, Unternehmensnamen etc. in diesem Werk bedeutet nicht, dass diese frei durch jedermann benutzt werden dürfen. Die Berechtigung zur Benutzung unterliegt, auch ohne gesonderten Hinweis hierzu, den Regeln des Markenrechts. Die Rechte des jeweiligen Zeicheninhabers sind zu beachten.
Der Verlag, die Autoren und die Herausgeber gehen davon aus, dass die Angaben und Informationen in diesem Werk zum Zeitpunkt der Veröffentlichung vollständig und korrekt sind. Weder der Verlag noch die Autoren oder die Herausgeber übernehmen, ausdrücklich oder implizit, Gewähr für den Inhalt des Werkes, etwaige Fehler oder Äußerungen. Der Verlag bleibt im Hinblick auf geografische Zuordnungen und Gebietsbezeichnungen in veröffentlichten Karten und Institutionsadressen neutral.

Einbandabbildung: © Jean Texcier, „Nos militants: Marcel Mauss", La Vie socialiste, Jg. 7, Nr. 146 (08. Juni 1929), S. 11

Planung/Lektorat: Cori Antonia Mackrodt
Springer VS ist ein Imprint der eingetragenen Gesellschaft Springer Fachmedien Wiesbaden GmbH und ist ein Teil von Springer Nature.
Die Anschrift der Gesellschaft ist: Abraham-Lincoln-Str. 46, 65189 Wiesbaden, Germany

Wenn Sie dieses Produkt entsorgen, geben Sie das Papier bitte zum Recycling.

Danksagung

Wir bedanken uns herzlich bei Karlson Preuß und Eva-Maria Schultze, die diese Arbeit lektoriert haben.

Inhaltsverzeichnis

1 **Marcel Mauss' Leben und Werk** 1
   1.1 Die Ausbildungsjahre 2
   1.2 Mauss' erste Veröffentlichungen und *L'Année* 6
   1.3 Von der Magie zum Gebet 12
   1.4 Die Kriegsjahre und die Last der Erbschaft 17
   1.5 Die letzten Herausforderungen 22
   Literatur 26

2 **Religion, Recht und Magie** 31
   2.1 Ausdifferenzierung von Recht und Religion 32
      2.1.1 Vermittler und Vermittlung 34
      2.1.2 Verselbständigung der Religion und des Rechts 35
      2.1.3 Schmerz und Strafe 37
   2.2 Ausdifferenzierung von Magie und Religion 39
      2.2.1 Die Hemmung als Handlung 40
      2.2.2 Die Magier 42
      2.2.3 Wissenschaft und Technik vs. Magie? 44
   2.3 Schlusswort. Kollektive Gewohnheiten und kollektive
       Repräsentationen 47
   Literatur 49

3 **Die Gabe als „Felsen" der sozialen Praxis** 51
   3.1 Die Gabe als individuelle und kollektive Herausforderung 52
      3.1.1 Die drei Positionen der Gabe 54
      3.1.2 Geben 56

		3.1.3	Empfangen	57
		3.1.4	Erwidern	59
	3.2		Klassifikation und Hierarchisierung der Gesellschaft	60
	3.3		Anerkennung, Legitimität und Macht	64
	3.4		Schlusswort. Die Gabe als totale soziale Tatsache	68
	Literatur			70
4	**Mauss' normative und politische Schriften**			**71**
	4.1		Mauss' normative Schriften	72
	4.2		Die Nation	79
	4.3		Schlusswort	84
	Literatur			85
5	**Zur Rezeption und Aktualität von Marcel Mauss**			**87**
	5.1		Mauss und die Soziologiegeschichte	88
	5.2		Rezeption und Aktualität von Mauss' Themen und Konzepten	91
	5.3		Die Gabe	94
		5.3.1	Paläontologie und Archäologie	95
		5.3.2	Alte und neuere Geschichte	98
		5.3.3	Mehr als die Gabe, die Reziprozität	102
		5.3.4	Die Gabe als instrumentell gesteuerte symbolische Tauschpraxis	103
		5.3.5	Die Gabe als Matrix der modernen Gesellschaft	105
		5.3.6	Unmöglichkeit und Möglichkeit der Gabe	106
		5.3.7	Die Gabe und die (negative) Normativität der Gesellschaft	108
	5.4		Von der Gabe zu den normativen und politischen Schriften	111
	5.5		Schlusswort	114
	Literatur			115

Marcel Mauss' Leben und Werk 1

Angesichts der Art und Weise, wie die zeitgenössische akademische Welt funktioniert, kann man sich heutzutage kaum mehr vorstellen, dass jemand, der nicht promoviert war, einen Lehrstuhl an einer Hochschule innehatte, wobei hier nicht etwa von irgendeiner Hochschule die Rede ist, sondern von der renommiertesten Bildungs- und Forschungsinstitution des Landes. Besonderheiten dieser Art zeigt die Vita von Marcel Mauss zuhauf und ebenso wie die merkwürdige biographische Einzelheit, dass der Mitarbeiter von Durkheim 1931 zum Professor für Soziologie am *Collège de France* ernannt wird, zählen sie zu den vielen Facetten aus Mauss' Leben und Werk, deren interne „Strukturen" mehr an Stückwerk, als eine durchgehend durchdachte Lebens- und Karriereplanung denken lassen. Bei Mauss kompensiert häufig das glückliche Durcheinander das immense Arbeitspensum und die anstrengenden Arbeitsstunden – zumeist ausgeführt im Dienst seines Onkels Émile Durkheim und seines wissenschaftlichen Vorhabens. Zentrales Anliegen dieses Vorhabens war es, die Soziologie der Durkheim-Schule, wie sie nach dem Zweiten Weltkrieg bezeichnet wird, an den Universitäten Frankreichs zu verbreiten und als anständige akademische Wissenschaft zu institutionalisieren sowie die Zeitschrift *L'Année sociologique* als deren wichtigstes Veröffentlichungsorgan zu etablieren. „Mauss, der berühmte Unbekannte", wie Alain Caillé schreibt (Caillé 2008, 40), habe nicht ein, sondern mehrere Leben gelebt, dessen Fäden in einem vielfältigen und niemals zur Vollendung gebrachten Werk zusammenlaufen (Moebius 2006c) und aus dem im Folgenden die wichtigsten biographischen und bibliographischen Meilensteine beleuchtet werden.

© Der/die Autor(en), exklusiv lizenziert an Springer Fachmedien Wiesbaden GmbH, ein Teil von Springer Nature 2024
C. Papilloud und C. Rol, *Zur Aktualität von Marcel Mauss*, Aktuelle und klassische Sozial- und KulturwissenschaftlerInnen,
https://doi.org/10.1007/978-3-658-45251-3_1

1.1 Die Ausbildungsjahre

Marcel Israël Mauss ist am 10. Mai 1872 in der Stadt Épinal im Departement Vosges (Region Grand-Est, ehemals Lothringen) geboren. Er ist der erste Sohn von Gerson Mauss (1834–1896) und Rosine Durkheim (1848–1930) und der Neffe von Émile Durkheim (Fournier 2006, 22). Mauss' Familie arbeitet in der Textilbranche und besitzt eine Stickwerkstatt. Sie gehört zu jenen Familien im Elsass, die sich nach dem Deutsch-Französischen Krieg von 1870 bis 1871 für Frankreich entscheiden und den Rhein von Bischwiller nach Épinal überqueren. Mauss verbringt seine Kindheit in Épinal und nach seiner Schulzeit erhält er im Jahr 1890 sein Abitur mit der Auszeichnung „gut bis sehr gut" (Fournier 2007, 156 ff.). Im Sommer desselben Jahres spricht er mit Durkheim über Philosophie und Soziologie und fragt ihn nach Büchern, um seine Kenntnisse in diesen Bereichen zu vertiefen. Als Bewunderer des Philosophen und Psychologen Théodule Ribot empfiehlt Durkheim seinem Neffen die Bücher von Ribot zur englischen und deutschen Psychologie. Mauss ist von Ribot begeistert, dessen Werke sein Interesse für die Philosophie stärken (Keller 2006, 119; Sembel 2015b, 13). Kurz darauf entscheidet er sich für ein Studium der Philosophie und vertieft seine Kenntnisse der Soziologie unter professioneller Begleitung seines Onkels. Mauss' Familie unterstützt den Wunsch Marcels zu studieren, obgleich er nicht wie Durkheim die Pariser Elitehochschule *École Normale Supérieure* (ENS) besuchen möchte, die die Ausbildung der Lehrer und künftigen Universitätsprofessoren vermittelt und für diese entsprechend zuständig ist. Mauss möchte lieber an der Universität studieren. Durkheim hat keine Einwände, zumal er seine Zeit als Student der ENS als nicht besonders angenehm in Erinnerung hat. Er selbst hatte unter dem starken Wettbewerb zwischen den Studierenden gelitten und war von der häufig oberflächlichen und hochgradig literarisch orientierten Lehre an der ENS enttäuscht gewesen. Da Durkheim zu dieser Zeit an der Universität Bordeaux lehrt und die dortigen Studierenden auf die *agrégation* vorbereitet, schlägt er Mauss vor, sein Studium in Bordeaux aufzunehmen. Auf diese Weise könne die Familie Mauss sicher sein – insbesondere aber seine Mutter Rosine –, dass Marcel in guten Händen ist und in seinem Studium adäquat begleitet und unterstützt wird. Dem Vorschlag seines Onkels folgend nimmt Mauss 1890 ein Studium der Philosophie an der Universität Bordeaux als freier Student auf. Er wohnt in der Nähe von Durkheim, der ihm in seinem Studium nicht nur volle Selbstständigkeit einräumt, sondern auch weitgehend Selbstbestimmtheit gewährt. Sein Studium wird von seiner Familie finanziert.

1891 erhält er ein einjähriges Stipendium, wird aber von seiner Familie weiterhin finanziell unterstützt. Im selben Jahr schreibt er sich im Fach Philosophie für

1.1 Die Ausbildungsjahre

die *licence* ein, die er im Juli 1892 mit der Note „befriedigend" abschließt. Zwischen 1892 und 1895 studiert Mauss dann sowohl an der Universität Bordeaux als auch an der Universität Sorbonne in Paris. In Bordeaux nimmt er an den Lehrveranstaltungen seines Onkels teil, den er als „‚den sichersten und den angenehmsten aller Redner'" bezeichnet (Fournier 2007, 157) und der sehr schnell zu seinem Mentor wird. In diesen Studienjahren entwickelt Mauss eine tiefe Freundschaft zu zwei weiteren seiner Professoren, dem Soziologen Alfred Espinas und dem Philosophen Octave Hamelin. Bei Espinas, der sich nach seinem Werk *Des sociétés animales* (1877) mehr und mehr der experimentellen Psychologie und der Frage der Technik widmet, entwickelt Mauss ein ausgeprägtes Interesse für die Biologie, die Evolutionstheorie und die Technik, was ihn davon überzeugt, dass sich die Soziologie nur dann zu einer vollständigen Wissenschaft entwickeln kann, wenn sie auf der experimentellen Psychologie aufbaut. Hamelin dagegen macht Mauss mit seinem Verständnis des Neokantianismus vertraut, den Mauss als eine wichtige Quelle der Erneuerung der Philosophie versteht und der seiner Ansicht nach auch von der Soziologie verwendet und weiter verbreitet werden sollte.

Mauss' Studienjahre sind gleichzeitig die Jahre seiner ersten Schritte ins politische Engagement. Über Durkheim lernt er den Sozialisten Jean Jaurès kennen, der mit Durkheim an der ENS studiert hat und Durkheims Schriften bewundert (Fournier 1994; Tarot 2003, Prochasson 2006). Mauss gehört entsprechend auch zu jenen Studierenden, die auf den Marxismus in seiner französischen Spiel- und Lesart aufmerksam werden – besonders in der Fassung von Jules Guesde, der 1882 in Marseille die französische Arbeiterpartei (*Parti Ouvrier;* 1893 zu *Parti Ouvrier Français* umbenannt) gegründet hat. In diesem Zusammenhang lernt Mauss Marcel Cachin kennen, der ebenso ab 1890 in Bordeaux Philosophie studiert, bereits Mitglied der französischen Arbeiterpartei ist und Mauss davon überzeugt, ebenfalls Mitglied dieser Partei zu werden, woraufhin Mauss schließlich auch der *Parti Ouvrier* beitritt (Sembel 2015b, 10). Im Unterschied zu seinem Onkel ist für Mauss das politische Engagement mindestens ebenso wichtig wie sein Engagement in der Wissenschaft, was insbesondere Durkheim missfällt, der seinen Neffen lieber mehr Zeit am Arbeitstisch verbringen sehen würde. Aber Mauss' Begeisterung für die linke Politik der Sozialisten und der Arbeiterpartei ist alles andere als eine launenhafte Jugendsünde. Vielmehr handelt es sich dabei um ein ernsthaftes Engagement für die von vielen Bevölkerungsteilen Frankreichs geteilten Ideen des Sozialismus, die er bis zu seinem Lebensende unterstützen wird. Zwischen 1890 und 1893, als Jaurès und fünf andere Sozialisten in die Abgeordnetenkammer der Französischen Republik gewählt werden, gewinnt die französische Arbeiterpartei 8000 neue Mitglieder (Fournier 2007, 161). In der französischen Bevölkerung, wie auch in der Politik, wird mehr denn je über soziale Fragen wie Armut, Bildung, Arbeits- und Lebensbedingungen debattiert, was zur Entstehung unterschiedlicher Formen des sozialen Zusammenschlusses, etwa in Vereinen, Gewerkschaften, Genossenschaften, religiösen und sozialen Jugendbewegungen, führt und es den Mitgliedern dieser Zusammenschlüsse ermöglicht, sich diesen sozialen Fragen sowohl zu widmen als auch Lösungsvorschläge anzubieten. Dieser spannende soziale und politische Kontext ersetzt für Mauss jedoch nicht das alltägliche Studium, das Durkheim ab jetzt engmaschiger begleiten will, damit Marcel die nächsten Etappen seiner akademischen Laufbahn nicht aus den Augen verliert.

Zwischen 1893 und 1894 bereitet sich Mauss auf die *agrégation* im Fach Philosophie vor. Er erhält ein Stipendium, mit dem er seine Reisen zwischen Bordeaux und Paris finanziert. An der Universität Sorbonne in Paris, an der Émile Boutroux, Gabriel Séailles und Victor Brochard lehren, nimmt er an Lehrveranstaltungen im Fach Philosophie teil. Zudem besucht er die Lehrveranstaltung von Ribot am *Collège de France* und pflegt Kontakt mit Studierenden in Paris, darunter Edgar Milhaud, Abel Rey und Paul Fauconnet, die zu seinen Freunden werden (Fournier 2007, 545, Fn. 3; Béra 2014, 68). Über Edgar und dessen Bruder Albert Milhaud wird er ebenfalls mit den politischen und sozialistischen Milieus in Paris vertraut. Er leitet die *Ligue démocratique des écoles* und wird zum aktiven Mitglied der *Groupe des étudiants collectivistes*. Zurück in Bordeaux versucht Mauss auch Durkheim davon zu überzeugen, sich diesen Bewegungen anzuschließen. Aber Durkheim nimmt von jeglichem praktischen Engagement in Politik und Sozialismus ausdrücklich Abstand. Der Sozialismus sei nach Durkheim parteipolitisch nicht reif genug, um eine ernsthafte Rolle in der französischen Politik spielen zu können. Zudem sei die *Parti Ouvrier Français* die Partei einer einzigen Klasse, in der nach wie vor zahlreiche Konflikte und Missverständnisse zwischen den Mitgliedern und den unterschiedlichen Denkrichtungen vorherrschen (Fournier 2007, 438). Unabhängig davon stellt Durkheim in jener Zeit gleichsam fest, dass seine Veröffentlichungen bei seinen Kollegen zunehmend auf großes Interesse stoßen und ihren Teil dazu beitragen, dass die Soziologie in Frankreich immer beliebter wird. Dies motiviert Durkheim umso mehr, sich ganz der Soziologie zuzuwenden und seinen Neffen davon zu überzeugen, weniger Zeit ins politische Engagement und mehr in den eigenen wissenschaftlichen Werdegang zu investieren. 1895 ist das Jahr der *agrégation* und Mauss absolviert sie erfolgreich, weiß allerdings noch nicht, was er eigentlich beruflich tun möchte. Obwohl er sich wie Durkheim für die Religionen wissenschaftlich interessiert, denkt er in erster Linie nicht an eine Karriere in der Wissenschaft, sondern an eine Stelle als Lehrer. In dieser Zeit, in der er Durkheim beim Erstellen von Statistiken und Karten am *Service de la statistique judiciaire* von Gabriel Tarde für die Studie

1.1 Die Ausbildungsjahre

Durkheims zum Selbstmord (1897) unterstützt (Besnard 1987, 76), macht sich Mauss auf Rat seines Onkels mit der Elitenhochschule *École pratique des hautes études* vertraut. Nach dem Besuch einiger Lehrveranstaltungen und weiteren Gesprächen mit Durkheim, wird Mauss in der IV. und V. Sektion dieser Hochschule in den Bereichen der historischen und philologischen Wissenschaften (IV. Sektion) und der Religionswissenschaften (V. Sektion) immatrikuliert. Für Mauss geht es zunächst darum, sich in den alten Sprachen und Religionen weiter zu spezialisieren, ehe er sich später für einen Weg innerhalb oder außerhalb der Akademie entscheidet.

An der *École pratique* trifft Mauss auf Professoren, zu denen er ebenfalls enge Freundschaften aufbaut und die in der Folge dazu beitragen, dass sich für Mauss die Möglichkeit einer Karriere in der Wissenschaft immer weiter konkretisiert. Es sind einerseits Léon Marillier und Antoine Meillet im Bereich der Psychologie, der Philologie und der Linguistik, andererseits Israël und Sylvain Lévi im Bereich der Judaistik und der Indologie, wobei Sylvain, der zusätzlich zu seiner Lehre an der *École pratique* Professor am *Collège de France* ist, für Mauss wie zu einem zweiten Onkel wird (Fournier 2007, 513). Diese Nähe zwischen Mauss und seinen Professoren ist auch ein Resultat der pädagogischen Prinzipien, die an der *École pratique* praktiziert werden. Hier existieren keine frontalen Lehrveranstaltungs- und Vorlesungsformate, sondern Lehrer und Studierende arbeiten in kleinen Gruppen in engem Austausch und einem Diskussionsprinzip folgend zusammen. Dabei geht es grundsätzlich um Wissen im Sinne der Belesenheit und der Vertiefung breiter Zusammenhänge von Texten und Daten, die Mauss regelrecht faszinieren. Seitdem Mauss in Paris studiert, unterrichtet er Durkheim regelmäßig davon, was an den Pariser Hochschulen in der Lehre angeboten und was in der Forschung von wem geleistet wird. Die Erfahrungen, die er an der *École pratique* sammelt, teilt er ebenfalls mit Durkheim und stellt ihm Sylvain Lévi vor, welcher daraufhin zum Freund Durkheims wird. Für Mauss und Durkheim ist das Umfeld der *École pratique* nicht nur ein Milieu, in dem Mauss seine Kenntnisse zu den Religionen ausbilden kann, sondern auch eine unmittelbare Stütze für ihr soziologisches Anliegen. Dieses Umfeld wird bald zum Rekrutierungsmilieu für das Team, das Durkheim zu mobilisieren und um sich herum zu bilden gedenkt, um sein soziologisches Projekt in Frankreich auf den Weg zu bringen, durchzusetzen und schließlich zu verbreiten (ebd., 333). Mauss wird in diesem Zusammenhang eine zentrale Rolle spielen, und zwar sowohl als Personalvermittler im Dienst Durkheims (Besnard 1979, 17 ff.) als auch als zentrale Arbeitskraft der zukünftigen Zeitschrift *L'Année sociologique*, dem Publikationsorgan der Durkheim-Gruppe. (1898–1912 für die erste Reihe der Zeitschrift).

Dieses intensive intellektuelle Leben wird von einer nicht weniger spannenden Zeit im Kontext des kontinuierlich fortgeführten politischen Engagements Mauss' begleitet, der die französische Arbeiterpartei für die *Parti ouvrier socialiste révolutionnaire* (POSR) von Jean Allemane verlässt (Fournier 2007, 158). Im Vergleich zu der eher marxistisch orientierten Arbeiterpartei steht die POSR den Anarchisten in Frankreich ideologisch näher, die mit den Mitteln des direkten Arbeitskampfes und dem Generalstreik Druck auf die französische Politik auszuüben vorgibt. In der Praxis versucht die POSR jedoch ihre Verbindungen mit den linken Bewegungen und mit Jaurès' aufstrebender sozialistischer Partei zu stärken (1902), was für Mauss einen Grund mehr darstellt, abermals seinen Onkel davon zu überzeugen, die Sozialisten konkret zu unterstützen. Allerdings distanziert sich Durkheim von allen politischen Angelegenheiten und dies umso mehr, als er zum einen mit Mauss die Studie zum *Selbstmord* (1897) fertigstellen und Mauss zum anderen bei seinen ersten Veröffentlichungen unterstützen möchte.

1.2 Mauss' erste Veröffentlichungen und *L'Année*

1896 ist ein wichtiges Jahr für Mauss. Zum einen lernt er Henri Hubert kennen, den er als seinen „‚siamesischen Zwilling'" oder auch als seinen „‚Arbeitszwilling'" bezeichnet (Hubert und Mauss 2021, 182, 193) und mit dem er bis zu dessen Tod (1927) an der soziologischen Analyse der alten Religionen (in Huberts Fall besonders der Religionen Kleinasiens und Assyriens vor und nach der christlichen Zeitrechnung), unter anderem im Rahmen von *L'Année sociologique*, arbeitet. Zum anderen veröffentlicht Mauss seine ersten Arbeiten – eine Rezension zu Adolf Bastian und einen Aufsatz zu Sebald Rudolf Steinmetz – in der von Réville und Marillier herausgegebenen Zeitschrift *Revue de l'histoire des religions*, die nicht nur Durkheim, sondern auch Tarde, bei dem Mauss zu dieser Zeit arbeitet, sehr gefallen (Dumont 1991, 201; Moebius et al. 2012, bes. 629–643). Trotz dieser ersten Erfolge im akademischen Betrieb jener Zeit, weiß Mauss nach wie vor nicht, ob er überhaupt eine wissenschaftliche Karriere anstrebt. Unterdessen verlassen seine Mitstudierenden und Freunde Frankreich, um durch Europa zu reisen und sich weiterzubilden. Mauss reist ungern, aber Durkheim überzeugt ihn davon, ein Stipendium zu erwerben und in die Niederlande sowie nach Großbritannien zu gehen, um dort mit angesehenen Religionsspezialisten wie Moriz Winternitz und James Frazer in Kontakt zu treten, mit letzterem sollte sich Mauss tatsächlich anfreunden (Kumoll 2006; Fournier 2007, 355). Mauss folgt dem Rat seines Onkels, auch wenn er sich in den Niederlanden und in Großbritannien nicht sehr wohl fühlt und seine Zeit meist in seinem Studierzimmer verbringt, um seine

1.2 Mauss' erste Veröffentlichungen und L'Année

Fähigkeiten in Sanskrit weiterzuentwickeln. Zu dieser Zeit beginnt Durkheim die Etablierung einer intellektuellen Gruppe und die Gründung einer soziologischen Zeitschrift mit dem Ziel zu erwägen, die Verwirklichung der eigenen soziologischen Ideen und mithin seiner Auffassung von Soziologie weiter voranzutreiben sowie über die Gründung einer soziologischen Zeitschrift ein breiteres Publikum zu adressieren. Durkheim denkt dabei an eine Zeitschrift, die von Beispielen wie der *Année psychologique* Alfred Binets und Henry Beaunis' sowie der *Revue de métaphysique et de morale* von Xavier Léon inspiriert ist. Ihm schwebt dementsprechend eine angesehene Zeitschrift für Soziologie vor, die neben eigenen Abhandlungen einen Überblick zu den jahresaktuellen Veröffentlichungen in den unterschiedlichen Bereichen der soziologischen Disziplin sowohl national als auch international verschafft; daher auch der Name *L'Année sociologique*. Im Jahr 1896 beginnen die Verhandlungen zwischen Durkheim und dem Verlag Alcan in Paris. Mauss, der inzwischen von seiner Studienreise zurückgekommen ist, wird von Durkheim beauftragt, Mitarbeiter für die Zeitschrift zu rekrutieren, um den ersten Band vorzubereiten. Daraufhin fragt Mauss einige seiner Mitstudierenden, darunter Célestin Bouglé, der schon in der *Revue* von Léon Rezensionen veröffentlicht hatte, seine Freunde Paul Fauconnet, Albert Milhaud und Henri Hubert sowie den jungen François Simiand von der *Fondation Thiers*, der sich vorrangig für Wirtschaftsphänomene interessiert und diese aus einem dezidiert soziologischen und sozialistischen Standpunkt heraus erschließt (Clark 1972, 163 ff.; Besnard 1987, 142; Steiner 2005, 165). Diese relativ kleine und junge Gruppe bildet in den ersten Jahren den festen Kern der an der Zeitschrift Mitwirkenden, später tritt noch Gaston Richard der Gruppe bei. Richard hatte mit Durkheim an der ENS studiert. Zudem hatte er bereits erfolgreiche Veröffentlichungen zum Recht und zur Solidarität vorgelegt und er brachte in Durkheims Augen den Vorteil mit sich, dass er die italienische und spanische Sprache sehr gut beherrschte und außerdem in der soziologischen Forschung dieser Länder sehr bewandert war, insbesondere im Bereich der soziologischen Kriminalitätsforschung.

Die Gruppe von *L'Année* ist vom Vorhaben Durkheims begeistert, zumal es eine neue Form der wissenschaftlichen Arbeit in den Geistes- und Sozialwissenschaften in Frankreich darstellt. Nach Durkheims Vorstellung soll die Arbeit an *L'Année* zeigen, dass die Wissenschaft nicht etwa von Einzelakteuren getragen, sondern vielmehr von Gruppen geleistet wird, da die Wissenschaft per sé unpersönlich sei und nur dem kollektiven Wissen diene (Lukes 1973, 293). Diese Begeisterung wird jedoch auch von der Last der Verantwortung für eine Zeitschrift getrübt, die jedes Jahr möglichst alle wichtigen Werke der Welt aus den unterschiedlichen Bereichen der soziologischen Forschung dokumentieren und besprechen will. Dies ist eine schier gigantische Aufgabe. Während manche Gruppenmitglieder, etwa Hubert, diese Herausforderung gerne annehmen, schrecken andere dagegen, nicht zuletzt Mauss, davor zurück. *L'Année* ist, so Mauss, „ein echtes Gift, schlimmer als die Grippe" (Fournier 1994, 137). Nicht nur der enorme Umfang der Arbeit verunsichert Mauss, sondern ebenso die Vorstellung, dass all seine Bildungsjahre letztlich dazu führen könnten, nur noch Rezensionen für *L'Année* zu verfassen (Fournier 2007, 15 ff.). Er legt Durkheim deshalb nahe, mehr Mitarbeiter einzustellen, um die Arbeit besser und gerechter aufteilen zu können. Außerdem schlägt er vor, dass neben Rezensionen auch Aufsätze der Mitarbeiter veröffentlicht werden, damit die Zeitschrift *L'Année sociologique* nicht nur der Repräsentanz der für die Soziologie wichtigsten Forschungsarbeiten dient, sondern ebenso sehr als Repräsentationsorgan der Wissensproduktion um die *École de Bordeaux,* wie Bouglé die Gruppe nennt, fungiert. Aufgrund seiner Nähe zu Durkheim und seiner Rolle für *L'Année* wird Mauss schnell zum Vermittler zwischen den Mitarbeitern der Zeitschrift und zur zentralen Figur der Gruppe um Durkheim. Mauss leitet die Sektion der *Sociologie religieuse,* die die angesehenste Sektion der Zeitschrift bildet und den Kerngedanken der Durkheim'schen Soziologie unterstützt, wonach die Religion die Matrix der sozialen Tatsachen sei. 1897 stellt *L'Année* weitere Mitarbeiter aus dem Umfeld der Gruppe – wie Paul Lapie, Emmanuel Lévi, Egard Milhaud, Henri Muffang und Dominique Parodi – ein, mit denen Durkheim die ersten Kontroversen zur thematischen Gliederung von *L'Année* und zum Verhältnis von Soziologie und Psychologie austrägt (Besnard 1979, 22 f.). Mehr noch ärgert sich Durkheim jedoch in dieser Anfangszeit über Mauss, der nicht regelmäßig zur Arbeit erscheint und seine Rezensionen immer in letzter Minute liefert. „,Das Übel ist ausweglos; wir haben es mit einem Unheilbaren zu tun'", teilt Durkheim Hubert mit und bezieht sich hierbei auf Mauss, der in seiner gesamten Zeit bei *L'Année* keine Fristen einhält und manchmal wichtige Rezensionen vergisst, die Durkheim anschließend selbst schreiben muss (Fournier 1994, 149). Zur Erklärung dieser Haltung lässt sich einerseits Mauss' Einsicht anführen, die er 1914 gegenüber seiner Mutter wie folgt formuliert: „,Ich war so wenig wie möglich für ein intellektuelles Leben gemacht'" (ebd., 150). Anderseits geht Mauss' eigenen Projekten nach, wie beispielsweise seiner Dissertation zum Gebet, die eine aufwendige Sammlung von Daten erfordern und die, weil *L'Année* fertiggestellt werden muss, ständig aufgeschoben werden müssen. Das Jahr 1898, in dem der erste Band von *L'Année* erscheint, markiert einen großen Erfolg für Durkheim und sein Team, da der Band in der Akademie in Frankreich und im Ausland großen Anklang findet. Aber die Mitarbeiter und unter ihnen insbesondere Mauss

1.2 Mauss' erste Veröffentlichungen und L'Année

sind müde. Ein erfreuliches Ereignis vertreibt jedoch die von Mauss empfundene Erschöpfung. Im Jahre 1898 erscheint das Buch *La Doctrine du sacrifice dans les Brāhmaṇas* von Sylvain Lévi, das Mauss auf ein entscheidendes Phänomen aufmerksam macht: Opferriten werden ausgeübt, um die Akteure einer Gesellschaft mit der sakralen Welt der Götter in Kontakt treten zu lassen. Gemeinsam mit Hubert will Mauss diese Erkenntnis vertiefen. Von Durkheim übernehmen Mauss und Hubert die Idee der Zerstörung, die in den Opferriten ständig präsent ist – Opferriten setzen die Zerstörung von dem voraus, was geopfert wird – und zeigen, dass eine solche Zerstörung kein Zeichen der Irrationalität ferner Kulturen ist, sondern eine konkrete soziale Funktion hat. Das, was im Opfer geopfert bzw. zerstört wird, dient der Kommunikation mit dem Sakralen und alles, was sakral ist, betrifft die Gesellschaft unmittelbar wie mittelbar (Paoletti 2012b, 301). Oder anders gesagt: Mittels der Opferriten kommen die Akteure mit ihrer Gesellschaft in Verbindung und gleichzeitig verbindet sich die Gesellschaft mit ihren Akteuren.

Diese These ist der argumentative Gipfelpunkt des *Essays über die Natur und die Funktion des Opfers (Essai sur la nature et la fonction du sacrifice)*, den Mauss und Hubert im zweiten Band von *L'Année* veröffentlichen. Dieser Essay wird in Frankreich und im Ausland, hierunter inbesondere in Großbritannien im Kontext der *Folklore*-Studien um James Frazer, als Meisterstück gefeiert. Das Sakrale im Opfer wird als wesentliches Merkmal, nicht nur des religiösen, sondern auch des sozialen Lebens verstanden. Zudem unterstützt diese Erkenntnis Durkheims Auffassung von Religion, die ein Mittel für die Akteure sei, sich die unpersönliche Kraft der Gesellschaft anzueignen. Mauss und Hubert grenzen sich jedoch auch bezüglich eines kleinen, aber wichtigen Details von Durkheims Ansatz ab (Pickering 1979, 163). Zwar zeigt das Opfer, wie relevant die Gesellschaft für die Akteure ist. Allerdings ist das Individuum mindestens ebenso relevant für die Gesellschaft, was insbesondere daraus hervorgeht, dass das Opfer nicht blind, sondern nach Regeln verwendet und vollzogen wird, die unter anderem darauf abzielen, die Akteure vor der Bestimmungsmacht der Gesellschaft zu schützen.

Die Zeit der Veröffentlichung des *Essays* kennzeichnet eine Wende im Leben von Mauss, der ab 1900 Lehraufträge an der *École pratique* anbietet und ab 1901 im regelmäßigen Lehrbetrieb der Universität als Professor und Forscher tätig ist (Fournier 2007, 463; Cabanel 2017). Mauss gewinnt in der akademischen Welt Stabilität (Heilbron 1985, 228 f.), was sich verschärfend auf sein politisches Engagement auswirkt. Er engagiert sich in der von Lucien Herr um die *Société nouvelle de librairie et d'édition* (1899) gegründeten *Groupe de l'unité socialiste* und unterstützt die Initiativen dieser Gruppe, indem er beispielsweise Lehrveranstaltungen mit Emmanuel Lévy, Simiand und Fauconnet an der

École socialiste anbietet (Lukes 1973, 327; Moebius 2006b, 114 f.). Außerdem unterstützt er die Dreyfusards in der Dreyfus-Affäre. Und schließlich interessiert sich Mauss mehr und mehr für die Genossenschaften und insbesondere die Konsumgenossenschaften, worüber er mit Jaurès regen Austausch pflegt. Um die sozialistische Sache weiter zu verbreiten und mithin die Stellung der Sozialisten in der französischen Politik zu stärken, plädiert Mauss für die Verbindung von Sozialismus und Genossenschaften, die jedoch in dieser Zeit wie zwei antagonistische und entsprechend unvereinbare Kräfte wirken, da die Sozialisten befürchten, dass die Genossenschaften das Revolutionspotenzial des Sozialismus abstumpfen könnten. Jaurès unterstützt die Überlegungen von Mauss, wodurch auch Jaurès beginnt, sich an der Seite von Mauss für die Bildung und den Aufbau sozialistischer Genossenschaften einzusetzen. Überdies schwebt ihnen vor, dass die sozialistischen Genossenschaften in Verbänden organisiert sein sollen, damit sowohl der Sozialismus als auch die Genossenschaften an politischer Macht gewinnen und beide Seiten in Zusammenarbeit die französische Politik effizienter beeinflussen und mitgestalten können. Gemeinsam mit Philippe Landrieu gründet Mauss im Jahr 1900 die „Sozialistische Genossenschaft" *La Boulangerie*, die Backwaren verkauft (Fournier 2007, 506) und für deren Geschicke Mauss und Jaurès von 1900 bis 1902 zuständig sind, bevor Landrieu seine Tätigkeit als geschäftsführender Direktor von *La Boulangerie* aufnimmt und Mauss von seinen Pflichten entbindet (Fournier 1994, 233 ff.). Mauss investiert etwa 10.000 Franken in *La Boulangerie* (etwa 40.000 €). Aber das Geschäft entwickelt sich nicht wie erhofft. Ab 1903 muss *La Boulangerie* vom Verband der französischen Genossenschaften verwaltet werden. Im Zuge dessen verliert Mauss zwar sein Geld, jedoch nicht seine politische Überzeugung und seinen Glauben an die Genossenschaften. Die wirtschaftliche und rechtliche Form der Genossenschaft bleibt für ihn die beste Form des Wirtschaftens, um die Arbeiter vom Kapitalismus zu emanzipieren und ihre selbstständige Organisation zu fördern.

1900 erscheint der Aufsatz „Sociologie" in der *Grande Encyclopédie*, den Mauss gemeinsam mit Fauconnet und mit starker Unterstützung Durkheims verfasst, auch wenn lediglich Mauss und Fauconnet als Autoren des Aufsatzes aufscheinen (Cuin 1997, 12 f.; Karsenti 1997, 63 ff.; Moebius 2006a, 365). Dieser Aufsatz wirkt wie ein Manifest für eine wissenschaftliche Soziologie, die es auf der Grundlage der *Regeln der soziologischen Methode* Durkheims zu entwickeln und aufzubauen gilt. Alles andere ist Schnee von gestern; ungenau und nicht wissenschaftlich. Diese zu entwickelnde wissenschaftliche Soziologie erfordere sehr genaue Untersuchungen von allzu alltäglich anmutenden gewöhnlichen Gegenständen in Zusammenarbeit mit anderen Disziplinen der Geistes- und Sozialwissenschaft, insbesondere aber der Geschichte, der Ethnographie,

1.2 Mauss' erste Veröffentlichungen und L'Année

den Sprachwissenschaften und der Psychologie. Eine solche interdisziplinäre Herangehensweise ermöglicht es, die zu untersuchenden Tatsachen so vollständig als irgend möglich zu beschreiben, dass ihr tatsächliches Dasein und ihre Bedeutsamkeit als allumfassende gesellschaftliche Ganzheit, d. h. als „»totale« gesellschaftliche Tatsache[n]" (Mauss 1990, 176), offen zutage tritt. Mauss' Idee, die heuristischen Elemente einer Tatsache in ihrer Totalität zu sammeln (Karsenti 1997), um diese Tatsache soziologisch sinnvoll analysieren zu können, beruht auf einem komplexen soziologischen Forschungsprogramm, das nicht zuletzt ein hohes Maß an multidisziplinärer Zusammenarbeit erfordert und nur über eine grundsätzliche Sensibilisierung der Soziologie für die Erkenntnisse anderer wissenschaftlicher Disziplinen Verwirklichung finden kann. Mauss ist es wichtig zu betonen, dass die Soziologie – in Kongruenz zur Auffassung Durkheims und seiner Anhänger – kein geschlossener Club ist, sondern mit anderen Disziplinen in Dialog treten sollte, um die zu untersuchenden sozialen Tatsachen in ihrer ganzheitlichen Verbindung mit dem gesellschaftlichen Zusammenleben zu erklären. Diese Verbindung hat Durkheim in seinem Buch über den Selbstmord behandelt: Selbst private Phänomene wie der Selbstmord sind sozial bestimmt. Da die Studie *Der Selbstmord* jedoch nur mäßig rezipiert wird (Fournier 2007, 326 ff.), greifen Mauss und Durkheim auf ein anderes Beispiel zurück – das Beispiel der mentalen Operationen und Prozesse –, um ihre Kernbotschaft erneut darzulegen und ihr auf diesem Weg zu mehr Resonanz zu verhelfen. Dies erfolgt im Essay *De quelques formes primitives de classification (Über einige primitive Formen der Klassifikation)*, der 1903 in *L'Année* veröffentlicht wird. Für diesen Beitrag sammelt Mauss umfangreiche ethnographische Daten zu den unterschiedlichen Klassifikationssystemen, die die Menschen weltweit verwenden, um nicht nur sich selbst als Menschen, sondern ebenso Götter und Gegenstände sowie Phänomene und Ereignisse ihrer Umwelt einzuordnen. Mauss und Durkheim entdecken dabei, dass so grundsätzlich verschiedene Phänomene wie die subjektive Repräsentationswelt von Individuen, die Stufen der sozialen Organisation oder auch die Hierarchisierung der Götter in den Religionen nicht voneinander getrennt sind. Vielmehr sind solche Phänomene nach einem bestimmten Muster miteinander verbunden. Entsprechend stellen sie fest, dass die Klassifikationen von Gegenständen, Göttern und Symbolen bzw. von materiellen und symbolisch-geistigen Ordnungen einerseits die Klassifikation von Akteuren und andererseits die Hierarchisierung von Menschen und sozialen Gruppen sich reproduzieren und somit unmittelbar wie mittelbar mit der Gesellschaftsstruktur jener Sozialitäten korrespondieren. Damit eröffnen Mauss und Durkheim ein neues Gebiet für die Soziologie und ferner für die Untersuchung der menschlichen Erkenntnis nach dem Prinzip, dass die Art und Weise, wie eine Gesellschaft organisiert und strukturiert ist, die Formen der Erkenntnis eben dieser Gesellschaft, und zwar ausgehend von der sinnlichen Wahrnehmung maßgeblich bestimmt (Namer 1977; Paoletti 2012a). Mit diesem Essay trägt Mauss zur weiteren Entwicklung seiner Reputation an der Seite Durkheims bei, und die Überlegungen zu den primitiven Klassifikationsformen führen ihn auf die Spuren der Magie als möglicher Quelle der Entstehung mentaler Klassifikationsmuster, Kategorien und Repräsentationen.

1.3 Von der Magie zum Gebet

1904 ist ein Jahr der gemischten Gefühle in Mauss' Leben. Seine Mutter und sein Onkel möchten ihn gerne verheiratet sehen, aber Mauss, der sich seit einigen Jahren in einer labilen Beziehung zu einer Frau namens Marguerite befindet, möchte nicht heiraten und keine Familie gründen. Darüber hinaus stellt sich nach den ersten wissenschaftlichen Erfolgen bei Mauss eine gewisse Langeweile und Orientierungslosigkeit ein. So beschäftigt er sich zwar mit der Magie, zugleich tendiert er aber auch dazu, diese Beschäftigung als „,von sehr relativer Bedeutung'" zu betrachten (Fournier 1994, 258). Nichtsdestotrotz erscheint einige Monate später in *L'Année* der gemeinsam mit Hubert verfasste Essay *Entwurf einer allgemeinen Theorie der Magie (Esquisse d'une théorie générale de la magie)*. Nach Mauss und Hubert erweist sich die Magie als eine Sammlung von praktischen Riten, die im Vergleich zu religiösen Riten ungleich einfacher und individueller sind (Robertson 2003, 142). Entsprechend handelt es sich bei der Magie um eine Zusammenstellung von praktischen Techniken (Vatin 2004, 421), die von einem Magier verwendet werden, der zwar augenscheinlich allein agiert, gleichzeitig jedoch insofern als Beauftragter der Gesellschaft fungiert, als er von der Gesellschaft und ihren Mitgliedern in Dienst genommen wird, deren Wahrnehmungs- und Erkenntniskategorien er in bedeutsamer Weise gestaltet. Mit der Magie glauben Mauss und Hubert die Quelle der kollektiven Repräsentationen gefunden zu haben, die die Grundlage des individuellen Verstandes bereitzustellen scheinen. Jedoch stößt die *Esquisse* auf weniger Resonanz als die anderen Arbeiten von Mauss (Paoletti 1998, 111 f.), nicht zuletzt deshalb, weil Mauss' und Huberts doppelte Perspektivierung der Quelle kollektiver Repräsentation einerseits und der Grundlagen individueller Verstandestätigkeit andererseits grundsätzlich den Schluss nahelegen, dass die Grundlage der menschlichen Vernunft die Unvernunft bilde und Rationalität somit mehr von Gefühlen, Empfindungen und Emotionen geprägt sei als von Rationalität. Dies bestreiten insbesondere die Philosophen und unter ihnen auch einige, die wie Gustave Belot die Arbeiten von Mauss und Durkheim eigentlich sehr schätzen.

1.3 Von der Magie zum Gebet

Sind Mauss und Hubert mit ihrer Hypothese vielleicht zu weit gegangen (Fournier 2007, 587), die sie noch dazu in Bezug auf einen Gegenstand formuliert haben, dessen empirische Spuren häufig mangelhaft sind, wenn sie nicht sogar zu Gänze fehlen? Die Kontroversen zur *Esquisse* tragen zur mäßigen Stimmung von Mauss bei, der zu jener Zeit, in der er ohnehin ungern arbeitet und ihm sein Leben mehr oder weniger chaotisch vorkommt, häufig eine Atempause im politischen Engagement findet. Im Jahr 1904 wird er auf die Zeitung *L'Humanité* aufmerksam, die seine Bekannten Lucien Lévy-Bruhl, Léon Blum und Lucien Herr mit der Unterstützung von Jaurès gründen (Clark 1972, 171). Mauss beteiligt sich an der Finanzierung der Zeitung und wirkt, gemeinsam mit Landrieu, als Redakteur an der Rubrik „Genossenschaften" mit. Aber *L'Humanité* erlebt früh finanzielle Schwierigkeiten, die eine Restrukturierung der Zeitung erfordern. In der Folge müssen Mauss und Landrieu das Team der Zeitung verlassen, was insbesondere Mauss' Kollegen von *L'Année* freut, die nun, da sich Mauss vom politischen Journalismus trennen musste, hoffen, dass er seine Arbeit als Wissenschaftler im Dienst von *L'Année* wieder aufnimmt. Dazu sollte es jedoch nicht kommen, nicht zuletzt deshalb, weil Mauss gerne weiterhin bei *L'Humanité* beteiligt bleiben möchte, und als Jaurès ihm anbietet, Mitglied der reformierten sozialistischen Partei, der *Section française de l'Internationale ouvrière* (SFIO), zu werden und dem Vorstand von *L'Humanité* beizutreten, akzeptiert Mauss das Angebot zum großen Ärger Durkheims (Tarot 2003; Fournier 1994). Der Onkel versteht nicht, wieso sich Mauss, der an der *École pratique* und bei *L'Année* bereits ausgelastet sein sollte, in solchen Projekten engagiert und in Vorhaben investiert, die aus Sicht Durkheims nicht zu ihm als jungen Wissenschaftler passen. Aber Mauss folgt seinen Interessen, insbesondere da seine neuen Studenten, wie etwa Robert Hertz, ebenfalls stark im politischen Leben involviert sind und Mauss' Begeisterung für den Sozialismus aufrechterhalten.

Für seine Studenten hat der unverheiratete Mauss viel Zeit, was zu engeren Beziehungen zwischen dem *maître* und den *élèves* beiträgt. Von diesen Studierenden werden einige wie Hertz, Antoine Bianconi, Philippe de Felice, Jean Reynier, Henri Beuchat, Georges Gelly und René Chaillé zu Mitarbeitern von *L'Année*. Oft unterstützen sie Mauss bei der Suche nach soziologisch relevanten Texten, die sich für *L'Année* rezensieren lassen, und Mauss fördert sie bei ihren Veröffentlichungsvorhaben. Im Jahre 1905 hilft Beuchat Mauss einen Text zu den Eskimos vorzubereiten, den dieser schließlich 1906 allein mit dem Titel *Essai sur les variations saisonnières des sociétés Eskimos. Étude de morphologie sociale (Über den jahreszeitlichen Wandel der Eskimogesellschaften. Eine Studie zur sozialen Morphologie)* in *L'Année* veröffentlicht. Der Eskimo-Essay bleibt gedanklich dem Ansatz Durkheims treu, so wie er zuvor bereits in *De quelques formes primitives de classification* und im *Esquisse d'une théorie générale de la magie* skizziert wurde. Überdies gibt das Eskimo-Essay Mauss die Gelegenheit, die empirischen Daten zu den Eskimos zu untersuchen, die er seit dem *Esquisse* gesammelt hat, ohne zu Anfang eine konkrete Vorstellung darüber zu besitzen, wie er diese verarbeiten wird. Dank der Initiative Beuchats und Dank Mauss' Reise zum *British Museum* in Begleitung von Hertz, entdeckt Mauss einen Zusammenhang zwischen dem Rhythmus der Jahreszeiten und dem Rhythmus des gesellschaftlichen Lebens der Eskimos. Im Winter leben sie eng zusammen. Es ist eine Zeit der Feierlichkeiten, der religiösen Einheit und des sexuellen Kommunismus. Dagegen ist diese Form des Zusammenlebens im Sommer kaum noch spürbar bzw. wird auf ein Minimum reduziert (vgl. auch Schüttpelz und Zillinger 2017, 118; Hsu 2017, 91 f.). Diese Abwechslung im Rhythmus des sozialen Lebens entdeckt Mauss nicht nur bei den Eskimos, sondern auch bei den Indianer-Stämmen Nordamerikas und bei kleinen landwirtschaftlichen Gemeinschaften in den europäischen Alpen. Alles scheint zu geschehen, als ob die Gesellschaft hinter ihren Akteuren verschwinde, wenn für diese Akteure die Tätigkeitsfelder zunehmen und sie am umfassendsten beschäftigt sind, und als ob *visa versa* die Akteure hinter ihrer Gesellschaft verschwinden, wenn ihre Betätigungsfelder abnehmen und ihre Tätigkeiten auf ein Minimum reduziert sind (Alpert 1939, 102; Gugler 1961, 65; Moebius 2006b, 186 ff.). Obwohl dieser *Essai* neue Erkenntnisse über die Eskimogesellschaften aufdeckt, die zu diesem Zeitpunkt noch wenig bekannt sind, ist ihm weniger Erfolg beschieden als den vorherigen Veröffentlichungen von Mauss. Viele Wissenschaftler sehen in dem *Essai* einen Text, der nicht zu Ende gedacht wurde und deshalb relativ vage bleibt. Für Mauss stellt sich dieser *Essai* jedoch als ein weiterer Schritt in Richtung der Entwicklung seiner Gedanken zu den religiösen Phänomenen und dahingehend insbesondere zum Verhältnis zwischen Individuen und Gesellschaften dar, welches Mauss und Hubert seit Beginn ihrer Zusammenarbeit und ihrer ersten gemeinsam verfassten Schriften besonders interessiert (König 1978). Das Streben dieses Interesses nach Verwirklichung zeigt sich drei Jahre später erneut (1909) und wird durch die Veröffentlichung der *Mélanges d'histoire des religions* abermals greifbar. Hubert versucht Mauss seit 1905 davon zu überzeugen, dass sie ihre wichtigsten Studien, die in unterschiedlichen Zeitschriften publiziert wurden, gemeinsam in einem Band versammeln sollten, um den roten Faden ihrer Arbeit in gebündelter Form sowohl verständlicher als auch deutlicher hervortreten zu lassen. Hubert schwebt hierfür bereits eine bestimmte Gliederung der *Mélanges* vor, was wiederum beiden Autoren die Gelegenheit gibt, einige Aussagen und Schlussfolgerungen zu präzisieren, stärker miteinander zu verbinden und gegebenenfalls aneinander

1.3 Von der Magie zum Gebet

anzupassen. Mauss und Hubert geht es in ihren versammelten Schriften in erster Linie um folgende zwei Botschaften: allgemeine Phänomene des sozialen Lebens müssen erstens vergleichend und induktiv untersucht werden; den Ausgangspunkt solcher Studien bilden zweitens insbesondere soziale Institutionen wie das Opfer, die Magie und die Klassifikationsformen. Anders gesagt, legen Mauss und Hubert mit den *Mélanges* nahe, dass die soziologische Untersuchung religiöser Phänomene induktiv und vergleichend zu verfahren habe und nach einem makrosoziologischen Ansatz zu entwickeln sei, was im Übrigen auch auf jede Art der soziologischen Untersuchung verallgemeinert werden könne (Fournier 2007, 705). Die *Mélanges* eröffnen damit einen neuen Weg für die wissenschaftliche Erschließung und Analyse von religiösen Phänomenen. Nach dieser Veröffentlichung gewinnt Mauss den Eindruck, dass er in der Wissenschaft etwas erreicht hat. Diesen Eindruck teilen seine engen Freunde, die nicht damit zögern, Mauss als das Haupt einer Denkschule zu porträtieren.

In dieser Zeit zwischen 1906 und 1909 erlebt Mauss tatsächlich einen Moment der Selbstbehauptung. 1907 bewirbt er sich am Lehrstuhl für Geschichte der Religionen (ehemals Albert Révilles Lehrstuhl) am *Collège de France* (Benthien 2015, 209 ff.). Das *Collège* ist eine besondere Institution in Frankreich, die in der Renaissance gegründet wurde, um der Macht der Pariser Sorbonne ein Stück weit Einhalt zu gebieten und sich von den Universitäten insofern unterscheidet, als dass die Lehrstuhlinhaber nicht zwingend einen akademischen Titel besitzen bzw. nicht in jedem Fall promoviert sein müssen, um einen Lehrstuhl besetzen zu können. Am *Collège* gibt es keine Prüfungen, sondern lediglich Vorträge, die die Professoren über ihre jeweilige Forschungstätigkeit anbieten. Die Wissenschaftler, die sich auf eine Stelle am *Collège* bewerben, sind deshalb von sehr unterschiedlicher sozialer Herkunft und werden von den Kollegen, die bereits am *Collège* arbeiten, ausgesucht. Mit seiner ersten Bewerbung will Mauss insbesondere sein Interesse für den Lehrstuhl Révilles zum Ausdruck bringen, weshalb er nicht damit rechnet, ausgewählt zu werden. Und tatsächlich geht der Lehrstuhl nicht an Mauss, sondern an Jean Réville, den Sohn von Albert Réville. Dennoch ist das Wahlergebnis für Mauss vielversprechend. Bereits in der ersten Wahlrunde erhält er, zur Überraschung seiner Freunde, viele Stimmen und die zweite Wahlrunde, in der der Vertreter des siegreichen Kandidaten gewählt wird, entscheidet er sogar für sich (Fournier 1994, 322). Mauss sieht seine Ambitionen bestätigt – die Perspektive, einen Lehrstuhl am *Collège de France* zu übernehmen, liegt nicht etwa in weiter Ferne, sondern durchaus in Reichweite. Viele seiner Freunde sind vom Ergebnis des Votums begeistert und prophezeien Mauss eine erfolgreiche Zukunft in der Wissenschaft, so wie dies auch für einige seiner Kollegen bei *L'Année* der Fall ist – Célestin Bouglé übernimmt den Lehrstuhl für soziale Wirtschaft an der

Sorbonne, Lucien Lévy-Bruhl erhält den Lehrstuhl für moderne Philosophie an der gleichen Universität, während Paul Fauconnet Bouglés Lehrstuhl für Sozialphilosophie an der Universität Toulouse übernimmt. In dieser Zeit fragen sich die neu berufenen Professoren jedoch, ob sich die Arbeit bei *L'Année* noch lohnt. Mauss möchte sich voll und ganz von der Arbeit an der Zeitschrift zurückziehen, eine Haltung, die Durkheim so wütend macht, dass er die Beziehung zu seinem Neffen mit der Ankündigung abbricht, er wolle nicht mehr mit ihm reden.

1908 stirbt Jean Réville und am *Collège de France* wird der Lehrstuhl für die Geschichte der Religionen neu ausgeschrieben. Mauss sieht seine Chance gekommen und bewirbt sich erneut auf den Lehrstuhl (Sembel 2015a). Sein Hauptmitstreiter ist der Theologe und Historiker Alfred Loisy, der aufgrund seines „Modernismus" von der katholischen Kirche exkommuniziert wurde. Viele glauben an Mauss' Chancen und unterstützen seine Bewerbung. Aber Loisy genießt ebenfalls eine starke Unterstützung und erhält schließlich den Lehrstuhl. Mauss, der noch auf die Ehrenstelle als Vertreter Loisys gehofft hatte, verliert auch diese Wahl, was für ihn und seine Freunde eine umso größere Enttäuschung ist, als dass alle um die Seltenheit solcher Gelegenheiten wissen (Fournier 1994, 329 f.). Zu dieser Enttäuschung kommt eine weitere hinzu, die Mauss' eigene Forschung betrifft: Seine Arbeit an der Dissertation zum Gebet schreitet nicht voran. Seit mehr als zehn Jahren sammelt er Daten zu positiven Riten wie dem Gebet und in den Jahren zwischen 1907 und 1908 ist er davon überzeugt, dass er sein Manuskript bald fertigstellen kann (Neilsen 1987; Adloff 2007). Aber die ersten Seiten, die er Durkheim, Espinas und Sylvain Lévi zu lesen gibt, sind enttäuschend. Mauss verliert sich in seinen Daten und findet keinen Ausweg zu ihrer Synthese. Zudem entdecken Mauss und Durkheim in Carl Strehlows Arbeiten zu den australischen Aranda- und Loritja-Stämmen viele weitere Daten, die Mauss dazu bewegen, seine Arbeit an dem Gebet stark zu revidieren. Mauss sieht im Gebet eine Kreuzung der wichtigsten religiösen Phänomene, die in einer einfachen bzw. individuellen und mündlichen Form ausgedrückt werden, um unmittelbar auf die sakralen Gegenstände und Akteure zu wirken. Das Gebet versteht Mauss im Lichte der Arbeiten, die er liest, wie eine Handlung auf Distanz, mit der beabsichtigt wird, sakrale Gegenstände und Akteure zum Handeln zu bringen. *Das Gebet (La Prière)* verfasst Mauss in der Zeit, in der Durkheim an *Les Formes élémentaires de la vie religieuse* (1912) arbeitet. Beide Werke beziehen sich auf ähnliche Daten zu den australischen Aborigine- und neuseeländischen Maori-Kulturen und stützen sich gegenseitig (Sembel 2015b, 17). Aber im Jahr der Veröffentlichung von *Les Formes élémentaires de la vie religieuse (Die elementaren Formen des religiösen Lebens)* hat Mauss seinen Text zum Gebet noch immer nicht fertiggestellt. Fortwährend den nächsten Schriften von Strehlow auf der Spur, wird Mauss müde und krank. Von der Schrift *Das Gebet* sind heute 176 Seiten überliefert (Moebius et al. 2012, 463–67), die Mauss nie zur Vollendung gebracht hat. Der Krieg wird die letzten Hoffnungen begraben, aus dem *Gebet* eine Dissertation zu entwickeln.

1.4 Die Kriegsjahre und die Last der Erbschaft

1910 endet der internationale Sozialistenkongress der zweiten Internationale mit dem für Mauss enttäuschenden Ergebnis, dass weder ein Generalstreik noch andere Mittel eingesetzt werden, um den möglichen Krieg in Europa zu bekämpfen, den das Deutsche Kaiserreich zusammen mit Österreich-Ungarn zu unterstützen scheint. Nach Mauss' Ansicht entwickelt sich in Europa eine militaristische Stimmung, die überraschenderweise selbst bei den Sozialisten gut ankommt, wie Mauss für *L'Humanité* berichtet. Als am 28. Juni 1914 der österreichische Thronfolger Erzherzog Franz Ferdinand und seine Gemahlin Sophie Chotek, Herzogin von Hohenberg, ermordet werden, freut sich Mauss. Mit Franz Ferdinand verschwindet „ein gefährlicher Feind der unterdrückten Nationen, der kleinen freien Staaten, des Friedens und des liberalen Fortschritts'" (Fournier 1994, 370). Mauss ist sich zunächst nicht, genauso wenig wie viele französische Sozialisten, der Bedeutung dieses Mordes für die angespannte internationale Situation in Europa im Klaren (Fournier 2007, 841). Umso brutaler wirkt die Juli-Krise, die nur noch die Hoffnung zulässt, dass die Kriegserklärung Österreich-Ungarns an Serbien nicht weitere Länder in einen großen Krieg hineinziehen wird. Aber es ist schon zu spät. In Russland, Frankreich und im Kaiserreich wird die allgemeine Mobilmachung ausgerufen. Jaurès versucht, die französische Regierung davon zu überzeugen, Druck auf Sankt Petersburg und Wien auszuüben, damit sie sich nicht am Krieg beteiligen. Aber am 31. Juli 1914 wird er ermordet. Am nächsten Tag mobilisieren Berlin und Paris ihre Soldaten und am zweiten August erklärt das Deutsche Kaiserreich Frankreich den Krieg. Am 3. September schreibt Mauss an das französische Kriegsministerium, um als Dolmetscher in die französische Armee aufgenommen zu werden (Schlanger 2006, 16). Mauss will dienen. Er wird dem 144. Infanterieregiment zugeteilt, bevor er zur 27. britischen Division entsendet wird. Trotz all der Schwierigkeiten und der Trauer – sehr viele Mitarbeiter von *L'Année*, darunter André Durkheim, der Sohn von Émile Durkheim, sterben im Ersten Weltkrieg – fühlt sich Mauss nützlicher denn je: „Ich reite, ich spiele mit den Soldaten. Es ist eine Existenz als Gentleman. Ich fühle mich prächtig gut. Ich war dafür und gar nicht für die Soziologie gemacht'" (Fournier 1994, 374). Aber der Krieg zieht sich in die

Länge und die Zeit vergeht nur langsam. Mauss freut sich auf jeden Fronturlaub, um seine Familie und seinen Onkel, dem es nicht gut geht, wiederzusehen. Der Tod seines Sohnes André in den Dardanellen verschlimmert die Nervenkrankheit Durkheims, unter der er seit 1902 leidet (Besnard 1987, 134), und Briefe an Mauss schreibt er immer seltener. Im November 1917 stirbt Durkheim. Für Mauss ist es ein Schock, der seine Stimmung abermals verdunkelt (Fournier 2007, 909). Die französische und die britische Armee kämpfen gegen die Armee des Deutschen Reiches, aber eine Entscheidung zum Vorteil der einen oder anderen Partei ist nicht in Sicht. In dieser chaotischen Situation versucht Mauss, für seine Mitmenschen da zu sein und im Sinne seines Landes zu handeln. Die Frontlinie wechselt oft, und die Truppen müssen mehrmals von einem Ort an einen anderen verlegt werden. Die Zeit von Januar bis November 1918 ist für Mauss eine Zeit des ständigen Positionswechsels. Aber langsam setzen sich die Alliierten in Frankreich durch und im November 1918 ist Mauss davon überzeugt, dass der Krieg gewonnen und bald beendet werden kann. Im Januar 1919 wird Mauss im Alter von 46 Jahren demobilisiert. Der Krieg ist vorbei und nach der Rückreise nach Paris stellt sich eine neue Herausforderung: die Wiederaufnahme der wissenschaftlichen Arbeit.

In Paris bezieht Mauss seine Wohnung und erhält seine Stelle an der *École pratique* wieder, aber er muss sein Leben neu organisieren, weshalb er bis zum Wintersemester 1919–1920 erst einmal pausiert. In dieser Interimsphase beschäftigt er sich mit dem, was vom Sozialismus in Paris und in Frankreich übriggeblieben ist. Jaurès ist gestorben und zur großen Enttäuschung Mauss' und eines Großteils der französischen Sozialisten wird sein mutmaßlicher Mörder freigesprochen. Gleichzeitig beschäftigen neue Ereignisse wie die russische Revolution Mauss und die Sozialisten. Wie soll die reformierte sozialistische Partei *Section française de l'Internationale ouvrière* (SFIO) hierauf reagieren? Sollten die Sozialisten zum Kommunismus überlaufen? In Konkurrenz zur SFIO bildet sich 1920 die erste französische kommunistische Partei (PCF), die auf Anhieb doppelt so viele Mitglieder wie die SFIO (120.000 zu 50.000) registriert (Fournier 1994, 417; zur Begeisterung für den Kommunismus der jungen französischen Intellektuellen um Mauss, vgl. Marcel 2016, 77 f.). *L'Humanité*, bei der Mauss Vorstandsmitglied geblieben ist, trennt sich von der SFIO, um zum Veröffentlichungsorgan der PCF zu werden. Mauss, der der russischen Revolution und der kommunistischen Partei kritisch gegenübersteht (Steiner 2005, 203 ff.), wird aus dem Vorstand von *L'Humanité* ausgeschlossen. Mauss ist zwar über diese Konkurrenzsituation verärgert, gleichzeitig steht er aber auch dieser neuen Welt der Kommunisten, die er sich weder für sich persönlich noch für seine sozialistischen Kameraden und Genossen wünscht, kritisch gegenüber. Seine politische

1.4 Die Kriegsjahre und die Last der Erbschaft

Haltung formt er am Vorbild von Sidney und Beatrice Webb in Großbritannien, die eine Art von Sozialreformismus unterstützen, der nach Ansicht von Mauss zur nationalen Einheit beitragen kann. Nach dem Ersten Weltkrieg benötigen die Länder Europas vor allem Einheit, weshalb jede Art von Spaltung der Sozialisten vermieden werden sollte. Diese Überzeugung veröffentlicht Mauss ab 1921 regelmäßig in der neu gegründeten Zeitung *Le Populaire*, die seiner Auffassung nach zum Veröffentlichungsorgan der Sozialisten entwickelt werden sollte. Zwar ist *Le Populaire* eine kleine Zeitung, aber sie wird zu einem wichtigen Sprachrohr des Widerstandes *gegen* die kommunistische Ideologie und später auch gegen die faschistische Ideologie. Mauss vertritt die These, dass diese Ideologien unter der Bevölkerung in der Sowjetunion wie in Italien stark an Verbreitung gewinnen, da diese Länder nach Mauss keine politische Kultur haben. Dort herrscht die Macht von Minderheiten vor, die sich durch Gewalt und Unterdrückung bzw. durch Mittel durchsetzen, welche in der modernen Gesellschaft nicht mehr angemessen und mit hohen Kosten verbunden sind. Mit diesen Veröffentlichungen möchte Mauss nicht nur die Einheit der Sozialisten beschwören, sondern ebenso die Einheit zwischen Soziologen und Sozialisten fördern. Die Soziologie steht nach Mauss im Dienste des Sozialismus, der mithilfe der Soziologie die Regierungen über drängende gesellschaftliche Fragen der Gegenwart und die Bevölkerungen über die Handlungen ihrer Regierung exakt informieren kann. Die Soziologie hat die Aufgabe, Regierungen und Bevölkerungen auszubilden und Handlungsformen für ein harmonisches Gesellschaftsleben vorzuschlagen. Solche Handlungsformen werden nach Mauss' Ansicht von den Genossenschaften angeboten, als einer deren größten Fürsprecher in Frankreich er sich selbst sieht und über die er sich in den ersten Jahren nach seiner Rückkehr aus dem Krieg regelmäßig ins Bild setzen lässt. In Frankreich werden Initiativen zur Förderung der Genossenschaften als wirtschaftliche und rechtliche Organisationsform aktiv vorangetrieben. 1921 gründet der Rechtswissenschaftler Bernard Lavergne die Zeitschrift *Revue des études coopératives*, die Mauss finanziell unterstützt (Fournier 1994, 445). Die Genossenschaften stellen für Mauss das Laboratorium eines gesellschaftlichen Experiments zur Reformierung des gesellschaftlichen Lebens dar – angefangen bei den grundlegenden Problemen der Konsumwirtschaft und der Ausbildung junger Generationen. Seiner Vorstellung nach sollte die Idee der Genossenschaft Teil des Lehrplans in Schulen werden. Jedoch wird Mauss, der sich in dieser Zeit erneut dem Kampf für den Sozialismus widmet, von Hubert daran erinnert, dass er als Neffe Durkheims und Mitarbeiter von *L'Année* ebenfalls an die weitere Entwicklung des wissenschaftlichen Vorhabens der Durkheimianer zu denken habe und dies seine erste und ungleich wichtigere Pflicht sei.

Mauss arbeitet nur langsam an der Fortsetzung und Weiterentwicklung der Projekte der Durkheimianer. Eine solche Arbeit erfordert ein bedeutendes Engagement von Mauss, der zwischen 1921 und 1922 nicht nur unter einer Lungenembolie leidet, sondern auch wieder an der *École pratique* lehrt, was ihm viel Zeit abverlangt. Trotz des Enthusiasmus der verbleibenden Mitarbeiter von *L'Année* sowie seiner Studierenden fragt sich Mauss zu dieser Zeit, ob sich die Wiederbelebung von *L'Année* überhaupt lohne (Pickering 1984, 505; Centlivres 1990, 177 f.; Tarot 2003, 13 ff.). Falls diese Frage mit Ja beantwortet werden sollte, dann müsse *L'Année* neu organisiert werden, um die Arbeitslast unter den Mitarbeitern besser aufzuteilen. Mauss stellt sich *L'Année* als eine Fachzeitschrift vor, die nicht nur für die Förderung Durkheim'scher Soziologie und der Vorhaben der Durkheimianer wirbt, sondern auch zum Fortschritt der Soziologie und der Sozialwissenschaften weltweit beiträgt. Entsprechend müsse *L'Année* auch für Beiträge aus dem Ausland geöffnet werden, auch wenn die Leitung der Rubriken von Mauss und den Anhängern Durkheims übernommen werde. Mauss mobilisiert sein Netzwerk im Ausland, um Autoren für *L'Année* zu gewinnen und die Arbeit an der Zeitschrift zu finanzieren. 1925 trägt Mauss selbst am meisten zum ersten Band von *L'Année* bei. Er schreibt einen Nachruf auf Durkheim und die im Krieg verstorbenen Mitarbeiter von *L'Année*, den *Essai sur le don* und mehr als hundert Rezensionen und Erwähnungen von Beiträgen aus dem sich ausweitenden Feld der Sozialwissenschaften. Mauss verfolgt insbesondere die Absicht, *L'Année* von den soziologischen Grundlagenkonflikten zu befreien, die sein Onkel einst ausgefochten hatte. Aufgabe der Zeitschrift sei es nicht, an den Geist einer Schule zu erinnern, sondern eine nützliche Arbeit für gegenwärtige und künftige Sozialwissenschaftler zu leisten. Deshalb ist es Mauss überaus wichtig, gute Beziehungen zu Wissenschaftlern der Psychologie, der Geschichte und der Ethnologie zu pflegen, deren wissenschaftlichen Fortschritte er bewundert. Diese Wissenschaften haben sich innerhalb von 25 Jahren sehr weit entwickelt und liefern der Soziologie nach Mauss' Dafürhalten ein gutes Beispiel des Weges, den die Soziologie ebenfalls beschreiten muss, um zu einer modernen Wissenschaft zu werden. Auch deshalb beschäftigt sich Mauss nach dem Ersten Weltkrieg nicht nur mit der Soziologie allein, die er weiter unterstützen will, sondern es geht um mehr bzw. um die französischen Sozialwissenschaften insgesamt. Sie benötigen besser organisierte wissenschaftliche Strukturen, wie etwa in den Vereinigten Staaten mit ihren neuen, von Stiftungen finanzierten und hoch technisierten Universitäten, die Mauss 1926 besucht und die ihn schwer beeindruckt haben (Fournier 2017, 413). Es braucht nicht nur weitere wissenschaftliche Institute, die sich mit den Problemen der Zeit beschäftigen – wie das Institut für Ethnologie, an dessen Gründung Mauss im Jahr 1925 mitbeteiligt ist

1.4 Die Kriegsjahre und die Last der Erbschaft

(König 1978, 258) und das es erlauben soll, einerseits die Bevölkerungen der Kolonien Frankreichs besser zu verstehen und andererseits die Menschen, die in diese Kolonien geschickt wurden, besser auszubilden (Fournier 2017, 423). Mauss fordert zudem eine bessere Kommunikation zwischen den französischen Sozialwissenschaften und schlägt vor, sie an einem Ort, etwa an der Universität Paris Sorbonne, in benachbarten Gebäuden, unterzubringen und auf diese Weise die Bildung einer gemeinsamen Wissenschaftskultur zu unterstützen. Die Psychologie solle am dort ansässigen Institut für Psychologie gelehrt werden und das Institut für Ethnologie müsse ebenfalls dorthin verschoben werden. Auch ein Institut für Sozialwissenschaften müsse entweder an der Sorbonne eingerichtet, oder als eine sechste Sektion an der *École pratique* geschaffen werden (Fournier 1994, 530 ff.). Mauss ist von seiner Idee so überzeugt, dass er sich mit der in Paris beheimateten Tochterstiftung der amerikanischen Laura-Spelman-Rockefeller-Stiftung in Verbindung setzt, von deren finanzieller Macht er seit seiner Reise in die Vereinigten Staaten beeindruckt ist. Aber für die Rockefeller-Stiftung ist Mauss' Vorhaben nicht konkret genug, weshalb sie sein Projekt im Gegensatz zu anderen konkurrierenden Projekten nicht unterstützt.

Zu dieser Enttäuschung kommen weitere unangenehme Ereignisse hinzu. Infolge der Veröffentlichung des ersten Bandes der neuen Reihe von *L'Année* möchte Mauss die Zukunft der Zeitschrift und einen zweiten Band planen, weshalb er seine Freunde und einige Mitarbeiter von *L'Année*, z. B. Hubert, Bouglé und Fauconnet, kontaktiert. Müde und mit vielen anderen Angelegenheiten an ihren eigenen Institutionen beschäftigt, teilen sie Mauss mit, dass sie nicht mehr bei *L'Année* mitwirken möchten. Mauss lässt sich dennoch nicht entmutigen und versucht seine Kollegen von der Bedeutung der Zeitschrift für die Sozialwissenschaften in Frankreich und weltweit zu überzeugen. Aber 1927 stirbt Hubert und mit ihm verlieren Mauss und *L'Année* einen wertvollen Freund und eine außerordentliche Arbeitskraft. Der Tod Huberts bekümmert die anderen Mitarbeiter schwer (ebd., 543 ff.). Mauss versucht aus eigener Kraft, die Essays für den ersten Teil des zweiten Bandes von *L'Année* zu stemmen und Bibliographien zu bestellen, damit die Rezensionen zu den wichtigsten Neuerscheinungen verfasst werden können. 1927 erscheint schließlich, wenn auch unvollständig, der zweite Band von *L'Année*, welcher zugleich der letzte der neuen Reihe sein wird. Im gleichen Jahr erfährt Mauss vom Tod Alice Hertz' – der Frau von Robert Hertz. Diese Nachricht trifft ihn wie einen Schlag. All das, woran er mit Durkheim und den Durkheimianern gearbeitet und geglaubt hatte, ist jetzt Geschichte. Selbst als Mauss, wie für ihn in solchen Momenten üblich, auf das politische Engagement zurückfällt, um sich aus der Trauer zu befreien, muss er feststellen, dass die sozialistischen Bewegungen und die Zeitungen, die er unterstützt hatte, eine Entwicklung durchleben, die ihm immer fremder wird. Mit dem Verlust von *L'Année* und der Auflösung der Durkheim-Gruppe schrumpft auch Mauss' Interesse für die Politik. Er ist nun 58 Jahre alt. Es bleibt ihm nicht mehr viel Zeit, um von der Erbschaft Durkheims zu retten, was noch gerettet werden kann. Der Tod von Jean Izoulet im Jahr 1929 erscheint ihm wie eine letzte Chance, dieses Ziel umzusetzen.

1.5 Die letzten Herausforderungen

1897 wird Jean Izoulet in der Wahl für den Lehrstuhl für Sozialphilosophie am *Collège de France* Durkheim vorgezogen. Niemand im Kreis von Mauss hat diese schmerzhafte Geschichte vergessen (Merllié 1989, 505, vgl. auch 2017) und wie Mauss sehen auch seine Freunde mit dem Tod von Izoulet die Möglichkeit gekommen, die Ehre Durkheims wiederherzustellen. Sylvain Lévi und Meillet überzeugen Mauss davon, sich für den Lehrstuhl zu bewerben und schnell wird er dabei von Kollegen unterstützt, unter ihnen sogar Autoren wie Charles Andler oder Alfred Loisy, die nicht zur Durkheim-Gruppe gehören. Obwohl die Lage für Mauss sehr günstig aussieht, gibt es noch andere Kandidaten wie Charles Blondel oder Étienne Gilson, die den Lehrstuhl anstreben und wie Mauss mit der Unterstützung wichtiger Persönlichkeiten innerhalb und außerhalb des *Collège* rechnen können. Mauss ist deshalb nicht sehr optimistisch, aber nach der ersten Wahlrunde liegt er gemeinsam mit Gilson auf Platz eins. Dies setzt eine zweite Wahlrunde in Gang, die der Kreis um Mauss gut vorbereitet wissen möchte. Zur selben Zeit teilt Gilson Mauss überraschend mit, dass er sich von der zweiten Wahlrunde zurückzieht. Als die zweite Wahlrunde organisiert wird, sehen Mauss' Freunde ihn als den sicheren Sieger. Aber gegen alle Erwartungen erhalten Mauss und Gilson, der sich schließlich doch nicht von der Wahl zurückgezogen hatte, erneut die gleiche Anzahl an Stimmen. Diese absurd anmutende Situation, die – wie manche im Kreis von Mauss vermuten – durch eine betrügerische Lüge Gilsons provoziert wurde, nähren Mauss' Zweifel, ob es eine gute Idee war, sich auf den Lehrstuhl von Izoulet zu bewerben. Wieso sollte er sich für eine Institution entscheiden, die sich ihm gegenüber nicht gerade offen, wenn nicht sogar feindselig zeigt, wie die jüngste Wahl nahelegt? Eine dritte Wahlrunde muss organisiert werden, was Mauss genug Zeit lässt, um im Namen des Institutes für Ethnologie nach Marokko zu reisen. Als er nach Frankreich zurückkommt, findet die dritte Wahlrunde am *Collège* statt. Andler stellt der Jury den Kandidaten Mauss vor und nach einem glänzenden Porträt, bei dem Andler auch die Durkheimianer nicht vergisst (Sembel 2015a, 101), beginnt die Wahl. Es bedarf drei sukzessiver

1.5 Die letzten Herausforderungen

Runden, bis Mauss mit einer knappen Mehrheit über Gilson für den Lehrstuhl mit der Denomination „Soziologie" ausgewählt wird (Fournier 1994, 588). Maurice Halbwachs wird als Kandidat in zweiter Reihe bzw. als Vertreter von Mauss ausgewählt (ebd., 589). Für die Anhänger Durkheims und Mauss' ist es ein Triumph. Am 3. Februar 1931 bestätigt der Präsident der Französischen Republik Gaston Doumergue die Wahl und ernennt Mauss zum Professor für Soziologie am *Collège de France*.

Die erfolgreiche Wahl sorgt kurzfristig für eine glückliche Stimmung in Mauss' Kreis. Seine Studenten – darunter einige der künftigen Mitglieder des *Collège de sociologie* wie Roger Caillois und Michel Leiris sowie weitere Studierende der Ethnologie wie Marcel Griaule, Alfred Métraux, Georges-Henri Rivière und André Schaeffner (Maroquin 1997; Moebius 2006c) – wecken Mauss' Interesse für neue kulturelle Entwicklungen im Bereich der Kunst, unter anderem für die Werke von Pablo Picasso und Marcel Duchamp, die Jazz-Musik und die Literatur der Surrealisten. Durch den Einfluss seiner Studierenden ist Mauss immer mehr von der Bedeutung der Ethnologie überzeugt. Aufgabe der Ethnologie müsse es einerseits sein, im Ausland und insbesondere in den französischen Kolonien die Überreste der unterschiedlichen Kulturen, die bald zu verschwinden drohen, zu dokumentieren und aufzubewahren. Andererseits müsse die Ethnologie der fernen Kulturen mit der Ethnologie der industrialisierten Länder in Verbindung gebracht werden, damit früher oder später untersucht werden kann, wie stark diese Kulturen unsere Kulturen noch immer beeinflussen – wie etwa die verschiedenen Kunstszenen in Paris zu dieser Zeit belegen. Mauss geht es darum, kulturelle Fragmente, die als Zeitzeugen dieser Kulturen im Dienst der wissenschaftlichen Untersuchung gebraucht werden, aufzunehmen, zu klassifizieren und zu bewahren. Mauss folgt dabei weiterhin seiner Überzeugung und unterstützt nach wie vor die Idee eines harmonischen Zusammenlebens der Nationen und der Kulturen, welches sich in der harmonischen Zusammenarbeit der Sozialwissenschaften widerspiegeln soll. Gleichzeitig wirft jedoch die erfolgreiche Wahl am *Collège de France* im Kreis von Mauss die Fragen nach der Weiterentwicklung der Projekte der Durkheimianer und nach der Fortführung von *L'Année* wieder auf. Insbesondere Bouglé, Simiand und Halbwachs legen Mauss nahe, eine weitere Ausgabe von *L'Année* in Angriff zu nehmen, die sich dem Erbe Durkheims insofern widmen solle, als darin die Durkheim'sche Soziologie in Verbindung mit den neuen und weltweiten Fortschritten der Soziologie zur Darstellung gelangt. Diese Zeitschrift solle zudem nicht mehr *L'Année* heißen, sondern am Vorbild ähnlicher Zeitschriften anderer Disziplinen orientiert *Les Annales sociologiques*. Zwischen 1932 und 1935 überzeugen Bouglé, Simiand und Halbwachs, der die Leitung der Redaktion von *Les Annales* übernimmt, Mauss davon, zu sondieren, ob die

Rockefeller-Stiftung bereit ist, *Les Annales* zu finanzieren (Käsler 1985, 140 ff.). Zwar erklärt sich die Rockefeller-Stiftung zur Finanzierung bereit, möchte hierüber jedoch weniger mit Mauss allein als vielmehr mit den Institutionsleitern der Universität Paris verhandeln. Zudem signalisiert die Stiftung ihr Interesse daran, die Rubriken von *Les Annales* mitzugestalten, um eine klare Verbindung mit den Sozialwissenschaften in den Vereinigten Staaten herzustellen. Obwohl Mauss nur über wenig Zeit für dieses Vorhaben verfügt (Steiner 2005, 202), nimmt er wie die anderen Mitarbeiter der Zeitschrift, etwa Simiand und Halbwachs, wahr, dass die soziologische Landschaft durch die Entwicklung der amerikanischen Soziologie eine Wende erlebt. Die Soziologie stellt sich immer weniger als eine allgemein-theoretisch orientierte und immer mehr als eine empirisch orientierte Wissenschaft dar, die soziale Probleme lösen möchte und deshalb weiter professionalisiert werden sollte. Mauss, der dieses Verständnis einer induktiv, normativ und praktisch orientierten Soziologie teilt, sieht hier eine Entwicklung, an der die französischen Sozialwissenschaftler unbedingt mitarbeiten sollten. Deshalb will er den Austausch zwischen amerikanischen und französischen Studenten stärken, indem er einerseits amerikanische Studierende dabei unterstützt, in Frankreich Sozialwissenschaften zu studieren, und andererseits französische Studierende dabei unterstützt, entweder wie Georges Gurvitch die französische Soziologie weiterzuentwickeln, oder wie Claude Lévi-Strauss ihre Untersuchungen in den Vereinigten Staaten fortzuführen und zu vertiefen. Dabei erscheint Mauss gleichzeitig als Förderer und Vermittler der Einheit der unterschiedlichen Tendenzen der französischen Soziologie, die er zu internationalisieren versucht (König, 1978, 381–84).

1934 heiratet Mauss – heimlich – die 14 Jahre jüngere Marthe Rose Dupret, mit der er seit Anfang der 1920er Jahre liiert ist. Diese Hochzeit, von der selbst Mauss' engen Freunde nichts wissen, überrascht und erfreut letztere zugleich. Aber 1935 findet Mauss Marthe bewusstlos in ihrer Wohnung, in der Mauss einen starken Gasgeruch wahrnimmt. Die ersten Hoffnungen auf eine verhältnismäßig schnelle Genesung werden enttäuscht. Marthe bleibt schwach und darf die meiste Zeit das Bett nicht verlassen. Seitdem muss sich Mauss um den gesundheitlichen Zustand seiner Frau kümmern, auch wenn er beruflich zunehmend Verantwortung trägt. 1938 wird er zum Präsidenten der Sektion der Religionswissenschaften an der *École pratique* und empfängt immer mehr Studierende, die seine Lehrveranstaltungen besuchen, seine Vorträge hören möchten oder ihm Dissertationsprojekte vorschlagen. In diesem *âge d'or* der französischen Ethnologie und ihrer Institutionen begleitet Mauss die Arbeiten vieler junger Ethnologen und bemerkt immer mehr, wie gravierend sich die Arbeitsbedingungen der von ihm begleiteten Forscher von denen in Großbritannien und den Vereinigten Staaten

1.5 Die letzten Herausforderungen

unterscheiden. Daneben unterstützt Mauss die Gründung eines nationalen Forschungszentrums in Frankreich (*Centre national de la recherche scientifique* oder CNRS, 1939), das für eine bessere Ausstattung der wissenschaftlichen Forschung in Frankreich sorgen und diese Forschung weiter profilieren soll. Ebenfalls wirkt Mauss unterstützend bei der Initiative von Georges Bataille und einigen seiner Studierenden mit, die 1937 das *Collège de sociologie* in Annäherung an Mauss und nach dem Vorbild des soziologischen Programms von Durkheim und den Durkheimianern gründen (Moebius 2006c, 2009; Därmann 2010). Jedoch bleibt er skeptisch in Bezug auf die Art und Weise, wie das *Collège de sociologie* die Soziologie und die Ethnologie versteht und an der Profilierung dieser Disziplinen arbeiten will. Nach Mauss' Ansicht vermischen die Mitglieder des *Collège* die Existenzphilosophie Martin Heideggers mit der Soziologie des Sakralen, die dem Fortschritt der Sozialwissenschaften nicht wirklich dient. Doch auch wenn Mauss seinen Studenten nicht in all ihren Überlegungen zustimmt, so entscheidet er sich im Jahr 1939 seine Stelle an der *École pratique* aufzugeben. Er will mit dieser Entscheidung Platz für jüngere Wissenschaftler schaffen, damit sie ihre Projekte weiter entwickeln können. Einige dieser jungen Wissenschaftler sind im Ausland und berichten Mauss nicht nur von der Möglichkeit, nach Frankreich zurückzukehren, um sich auf eine vakante Stelle zu bewerben. Sie berichten ebenfalls von gegenwärtigen politischen Entwicklungen, die zu der Vermutung Anlass geben, dass ein weiterer Krieg in Europa bevorstehen könnte. Infolge des Münchner Abkommens (1938) – dem großen politischen Erfolg des Dritten Reichs in Deutschland – rechnen viele damit, dass Adolf Hitler den Plan verfolge, im Geheimen einen Krieg vorzubereiten. Zunächst beruhigt Mauss seine Studierenden und Freunde. Im Moment sei die Lage ruhig, was zwar nicht bedeute, dass die Lage so ruhig bleibe, aber noch gäbe es keinen Grund, das schlimmste zu befürchten.

1940 marschieren die Nationalsozialisten jedoch in Paris ein. Mauss, dem sich die Möglichkeit geboten hatte, mit seiner Frau in die Nähe von Toulon zu reisen, bleibt schließlich mit ihr in Paris, da sie sich noch weniger als er eine solche Reise wünscht. Die Situation in Paris verschärft sich im Laufe der Wochen immer weiter. Die ersten Juden in der Stadt werden verhaftet. Mauss gibt im Jahr 1939 seine Funktion als Präsident der V. Sektion der Religionswissenschaften auf, damit die *École pratique* nicht darunter leiden muss, dass sie einen Juden in ihrer Belegschaft hat. Im Jahr 1940 kündigt er aus dem gleichen Grund seine Stelle am *Collège de France*. Seine Verwandtschaft in den Vogesen und seine Freunde und Bekannten in Paris werden unter der Vichy-Regierung mit Berufsverboten belegt. Mauss und seine Frau müssen ihre Wohnung verlassen, die von einem deutschen General übernommen wird. Sie werden in Paris in einer sehr kleinen

Wohnung ohne funktionierende Heizung untergebracht. Die Jahre zwischen 1941 und 1943 sind die schwierigsten Jahre im Leben von Mauss. Er muss den gelben Stern tragen. Er hat viele Schwierigkeiten Lebensmittel für sich und seine Frau zu besorgen. Er bleibt jedoch am Leben, auch dank der passiven Unterstützung von Bekannten und ehemaligen Freunden in der Verwaltung, die versuchen, die Nationalsozialisten und die Vichy-Regierung nicht auf ihn aufmerksam zu machen. Als Paris im Laufe des Jahres 1944 befreit wird, haben Mauss und seine Frau überlebt. Sie beziehen wieder ihre ehemalige Wohnung und Mauss wird zum Honorarprofessor am *Collège de France* ernannt. Viele seiner Studierenden und Freunde, die ins Ausland geflüchtet sind, kehren aus ihrem Exil zurück und wollen ihn sehen. Gurvitch, der aus den Vereinigten Staaten zurückreist, will Mauss unbedingt bei der Gründung des *Centre d'études sociologiques* und der Zeitschrift des *Centre*, den *Cahiers internationaux de sociologie,* involvieren. Viele erkundigen sich nach den Projekten, die nun anstehen – etwa nach der Veröffentlichung von Huberts Werken zu den Kelten und den Germanen, nach Mauss' eigenen Untersuchungen zu den Mythen Australiens und selbstverständlich nach *L'Année,* von der sich viele weitere Publikationen wünschen. Aber Mauss antwortet nicht. Der Krieg hat ihn gezeichnet und krank gemacht. Er erkennt die Personen, die ihn besuchen, nicht mehr, wie etwa Lévi-Strauss und Louis Dumont, oder er verwechselt sie mit anderen Menschen. Sein Bruder Henri zieht nach Paris, um sich vor Ort um Mauss und dessen Frau Marthe kümmern zu können. 1947 stirbt Marthe. Mauss bleibt allein mit seinem Bruder und leidet unter einer Bronchitis, an der er am 11. Februar 1950 schließlich verstirbt.

Literatur

Adloff, F. 2007. „Marcel Mauss — Durkheimien oder eigenständiger Klassiker der französischen Soziologie?" *Berliner Journal für Soziologie* 2: 231–51.
Alpert, H. 1939. *Émile Durkheim and His Sociology.* New York: Columbia University Press.
Benthien, R. F. 2015. „Les Durkheimiens et le Collège de France (1897–1918)." *Revue européenne des sciences sociales* 53 (2): S. 191–218.
Béra, M. 2014. *Émile Durkheim à Bordeaux.* Bordeaux: Confluences.
Bert, J.-F. 2017. „Quelques petites règles (et suggestions) de l'auteur des *Règles de la méthode sociologique.*" *Revue européenne des sciences sociales* 55 (2): 41–56.
Besnard, Ph. 1979. „La formation de l'équipe de *L'Année sociologique.*" *Revue française de sociologie* 20: 7–31.
———. 1987. *L'anomie, ses usages et ses fonctions dans la discipline sociologique depuis Durkheim.* Paris: Presses Universitaires de France.

Literatur

Cabanel, P. 2017. „Ve Section de L'EPHE *vs Année sociologique*. Une querelle intellectuelle au cœur de l'institutionnalisation des sciences religieuses." *Archives de sciences sociales des religions* 180: 35–50. https://doi.org/10.4000/assr.29718.

Caillé, A. 2008. *Anthropologie der Gabe*. Frankfurt am Main: Campus.

Centlivres, P. 1990. „Marcel Mauss (1872–1950)." In *Klassiker der Kulturanthropologie. Von Montaigne bis Margaret Mead*, hrsg. v. W. Marshall, 171–97. München: C.H. Beck.

Clark, T. 1972. „Émile Durkheim and the French University: The Institutionalization of Sociology." In *The Establishment of Empirical Sociology: Studies in Continuity, Discontinuity, and Institutionalization*, hrsg. v. A. Oberschall, 152–86. New York: Harper & Row.

Cuin, Ch.-H. 1997. *Durkheim d'un siècle à l'autre. Lectures actuelles des „Règles de la méthode sociologique"*. Paris: Presses Universitaires de France.

Därmann, I. 2010. *Theorien der Gabe zur Einführung*. Hamburg: Junius Verlag.

Dumont, L. 1991. *Individualismus. Zur Ideologie der Moderne*. Frankfurt am Main: Campus.

Fournier, M. 1994. *Marcel Mauss*. Paris: Fayard.

Fournier, M. 2006. „Marcel Mauss oder die Gabe seiner selbst." In *Gift – Marcel Mauss' Kulturtheorie der Gabe*, hrsg. v. S. Moebius und Ch. Papilloud, S. 21–56. Wiesbaden: VS-Verlag.

Fournier, M. 2007. *Émile Durkheim 1858–1917*. Paris: Fayard.

Fournier, M. 2017. „La postérité d'Émile Durkheim en Amérique du Nord." *Sociologie* 8 (4): 409–28. https://doi.org/10.3917/socio.084.0409.

Gugler, J. 1961. *Die neuere französische Soziologie. Ansatz zu einer Standortbestimmung*. Neuwied: Hermann Luchterhand.

Heilbron, J. 1985. „Les métamorphoses du durkheimisme, 1920-1940." *Revue française de sociologie* 26: 203–37.

Hsu, E. 2017. „Durkheim's Effervescence and Its Maussian Afterlife in Medical Anthropology." *Durkheimian Studies / Études Durkheimiennes* 23: 76–105.

Hubert, H. und Mauss, M. 2021. *Correspondance (1897–1927)*, hrsg. v. R. F. Benthien, Ch. Labaune und Ch. Lorre. Paris: Garnier.

Karsenti, B. 1997. *L'homme total. Sociologie, anthropologie et philosophie chez Marcel Mauss*. Paris: Presses Universitaires de France.

Käsler, D. 1985. *Soziologische Abenteuer. Earle Edward Eubank besucht europäische Soziologen im Sommer 1934*. Opladen: Westdeutscher Verlag.

Keller, Th. 2006. „Cassirer und Mauss: ein Geistergespräch über Totemismus", In *Gift – Marcel Mauss' Kulturtheorie der Gabe*, hrsg. v. S. Moebius und Ch. Papilloud, S. 107–22. Wiesbaden: VS-Verlag.

König, R. 1978. *Émile Durkheim zur Diskussion. Jenseits von Dogmatismus und Skepsis*. München: Carl Hanser Verlag.

König, R. 2014. *Briefwechsel. Band 2/1*. Wiesbaden: Springer.

Kumoll, K. 2006. „Marcel Mauss und die britische *social anthropology*." In *Gift – Marcel Mauss' Kulturtheorie der Gabe*, hrsg. v. S. Moebius und Ch. Papilloud, S. 123–42. Wiesbaden: VS-Verlag.

Lukes, S. 1973. *Émile Durkheim. His Life and Work*. New York: Penguin Books.

Marcel, J.-Ch. 2016. „Georges Davy et les Américains, ou le troisième âge du durkheimisme (1945–1955)." *Durkheimian Studies/Études Durkheimiennes* 22: 73–87.

Maroquin, C. 1997. „Georges Bataille lecteur de Mauss : une théorie de la religion pour la société moderne." *Lendemains* 88 (22): 105–12.

Mauss, M. 1990. *Die Gabe. Form und Funktion des Austauschs in archaischen Gesellschaften.* Frankfurt/M.: Suhrkamp.

Merllié, D. 1989. „Lévy-Bruhl et Durkheim: Notes biographiques en marge d'une correspondance." *Revue philosophique* 179: S. 494–514.

Merllié, D. 2017. „Correspondance d'Émile Durkheim avec Lucien Lévy-Bruhl." *Revue européenne des sciences sociales* 55 (2): 105–68.

Moebius, S. 2006a. „Die Gabe – Ein Neues Paradigma der Soziologie? Eine kritische Betrachtung der M.A.U.S.S.-Gruppe." *Berliner Journal für Soziologie* 16: 355–70.

Moebius, S. 2006b. *Die Zauberlehrlinge. Soziologiegeschichte des Collège de Sociologie (1937–1939).* Konstanz: UVK.

Moebius, S. 2006c. *Marcel Mauss.* Konstanz: UVK.

Moebius, S. 2009. „Die elementaren (Fremd-)Erfahrungen der Gabe. Sozialtheoretische Implikationen von Marcel Mauss' Kultursoziologie der Besessenheit und des ‚radikalen Durkheimismus' des Collège de Sociologie." *Berliner Journal für Soziologie* 19: 104–26. https://doi.org/10.1007/s11609-009-0107-y.

Moebius, S. 2012. „Die Religionssoziologie von Marcel Mauss." In M. Mauss. *Schriften zur Religionssoziologie,* hrsg. v. S. Moebius, F. Nungesser, und Ch. Papilloud, 617–82. Berlin: Suhrkamp.

Moebius, S., Nungesser F., Papilloud, C. 2012. „Das Gebet (1909). Editorische Vorbemerkung." In M. Mauss. *Schriften zur Religionssoziologie,* hrsg. v. S. Moebius, F. Nungesser, und Ch. Papilloud, 463–67. Berlin: Suhrkamp.

Namer, G. 1977. „La sociologie de la connaissance chez Durkheim et chez les Durkheimiens." *L'Année sociologique* 28: 41–77.

Neilsen, D. 1987. „Auguste Sabatier and the Durkheimians on the Scientific Study of Religion." *Sociological Analysis* 47: 283–301.

Paoletti, G. 1998. „*L'Année sociologique* et les philosophes: histoire d'un débat (1898–1913)." *L'Année sociologique* 48 (1): 77–114.

Paoletti, G. 2012a. *Durkheim et la philosophie. Représentation, réalité et lien social.* Paris: Garnier.

Paoletti, G. 2012b. „Les deux tournants, ou la religion dans l'œuvre de Durkheim avant les *Formes élémentaires*." *L'Année sociologique* 62 (2): 289–311.

Pickering, W. 1979. „Gaston Richard: collaborateur et adversaire." *Revue française de sociologie* 20: 163–82.

Paoletti, G. 1984. *Durkheim's Sociology of Religion.* London: Routledge.

Prochasson, C. 2006. „Durkheim et Mauss lecteurs de Saint-Simon: une voie française pour le Socialisme",*Cahiers Jaurès* 180: 5–19.

Robertson, F. 2003. „Durkheim: entre religion et morale." *Revue du MAUSS* 22 (2): 126–42.

Schlanger, N. 2006. „Introduction. Technological Commitments: Marcel Mauss and the Study of Techniques in the French Social Sciences." In M. Mauss, *Techniques, Technology and Civilisation,* hrsg. v. N. Schlanger, 1–29. New York: Berghahn Books.

Schüttpelz, E. und Zillinger, M. 2017. „The Bodily Efficacy of the Categories: Durkheim and Mauss's Intervention into the History of Philosophy." *Durkheimian Studies/Études Durkheimiennes* 23: 106–27.

Sembel, N. 2015a. „Durkheim, Mauss et la dynamogénie. Le lien Gley (1857–1930)." *Durkheimian Studies/Études Durkheimiennes* 21: 96–133.

Sembel, N. 2015b. „Les emprunts de Mauss à la bibliothèque universitaire de Bordeaux. La genèse d'une ‚imagination sociologique'." *Durkheimian Studies / Études Durkheimiennes* 21: 3–60.

Steiner, Ph. 2005. *L'École durkheimienne et l'économie. Sociologie, religion et connaissance.* Genève: Droz.

Tarot, C. 2003. *Sociologie et anthropologie de Marcel Mauss.* Paris: La Découverte.

Vatin, F. 2004. „Mauss et la technologie." *Revue du MAUSS* 23 (1): 418–33.

Religion, Recht und Magie 2

In seiner Untersuchung zur Religionssoziologie von Marcel Mauss stellt Mike Gane eine Frage, die in seiner Zeit nicht unbedingt auf große Resonanz gestoßen ist, auch wenn spätere Arbeiten eine ähnliche Frage aufgeworfen haben: Kann ohne Weiteres behauptet werden, dass Mauss' Religionssoziologie in den Spuren von Durkheims soziologischem Programm geblieben ist (Gane 1984, 308 f.)? Nach Ganes Ansicht ist es keineswegs sicher, dass Mauss seinem Onkel Durkheim blindlinks mit dem Ziel gefolgt sei, dessen Religionssoziologie und dessen Verständnis von Religion sowie dessen Auffassung zum Verhältnis von Religion und Gesellschaft zu verbreiten. Die Analyse von Mauss' Schriften zur Religion lege vielmehr nahe, dass er Durkheims allgemeines Verständnis von Religion zwar einerseits ausdrücklich gutheißt, andererseits aber auch Kritik an Durkheims Religionssoziologie übt. Ganes Einschätzung bezieht sich auf eine scheinbar geringfügige Meinungsverschiedenheit zwischen Mauss und Durkheim hinsichtlich der Auffassung zum Verhältnis von Religion und Gesellschaft. Nach Durkheim sind Religion und Gesellschaft untrennbar miteinander verbunden, wobei diese Beziehung zwischen Religion und Gesellschaft asymmetrisch darzustellen sei, da die Gesellschaft die eigentliche Existenz oder – wie er sagt – „die Seele der Religion" darstelle, während die Religion allein keine Gesellschaft zu produzieren imstande sei (Durkheim 1994, 561). Die Religion konzipiert er als „ein solidarisches System von Überzeugungen und Praktiken, die sich auf heilige, d. h. abgesonderte und verbotene Dinge, Überzeugungen und Praktiken, beziehen, die in ein und derselben moralischen Gemeinschaft, die man Kirche nennt, alle vereinen, die ihr angehören" (ebd., 75). Durkheim gibt an, dass er dieses Verständnis des Verhältnisses von Gesellschaft und Religion 1895 aus der Lektüre

© Der/die Autor(en), exklusiv lizenziert an Springer Fachmedien Wiesbaden GmbH, ein Teil von Springer Nature 2024
C. Papilloud und C. Rol, *Zur Aktualität von Marcel Mauss*, Aktuelle und klassische Sozial- und KulturwissenschaftlerInnen,
https://doi.org/10.1007/978-3-658-45251-3_2

von William Robertson Smith gezogen habe (Durkheim 1975b, 404), und er wird dieses Verständnis in seinem späteren Werk auf unterschiedliche Art und Weise rechtfertigen (vgl. Durkheim 1999, 223 f., 1975b, 352). Seine radikalste Begründung taucht im Transkript eines Kurses auf, den Durkheim 1907 zum Thema der Ursprünge des religiösen Lebens anbietet und in dem er nahelegt, dass, wer Religion sagt, Gesellschaft meine: „Die Frage, warum die Menschen die Götter und die Götter die Menschen brauchen, kann nach dem, was oben über die eigentliche Natur und die objektive Grundlage der Religion gesagt wurde, leicht beantwortet werden, denn, wie gesehen, das Göttliche ist nichts anderes als die Gesellschaft selbst, und ihre Realität ergibt sich daraus, dass sie nur ein Darstellungsmodus der Gemeinschaft ist; die Seele ist ihrerseits als religiöses Wesen das Soziale in uns" (Durkheim 1975a, 121, vgl. auch 1994, 329 ff., 370 ff.; vgl. ebenfalls Pickering 1984, 61; Fournier 2007, 261 ff.; Paoletti 2012).

Schon in seinen ersten wichtigen Beiträgen zur Religionssoziologie unterscheidet sich Mauss von Durkheim in genau diesem Punkt, nämlich im Verständnis der Verbindung zwischen Gesellschaft und Religion. Religion und Gesellschaft sind nicht so untrennbar, wie Durkheim behaupte. Diese Distanz zum Onkel zeigt sich vor allem dann, wenn Mauss vom Opfer bzw. vom Thema spricht, das seine wissenschaftliche Arbeit bis zu seinem *Essai sur le don* prägen wird. Das Opfer steht im engen Zusammenhang mit dem Thema der Strafe und des Strafrechts, das sowohl für Durkheim als auch für Mauss von großer Bedeutung ist und mit der allgemeineren Frage nach dem Ursprung des Strafrechts verbunden ist, der Durkheim und Mauss zufolge in den religiösen Phänomenen zu suchen sei.

2.1 Ausdifferenzierung von Recht und Religion

Die Strafe stellt den Konvergenzpunkt zwischen den Opferriten und dem Strafrecht dar, deren Bedeutungen Mauss in seiner Auseinandersetzung mit Sebald Rudolf Steinmetz' These über den Zusammenhang von Rachepraktiken und dem Totenkult in alten Gesellschaften zu rekonstruieren versucht. Nach Steinmetz bilden insbesondere diejenigen Gesellschaften, die den Totenkult kennen und durchführen, Praktiken der Rache aus. Sie rächen den Tod einer ihrer Akteure, um den Verstorbenen zu befrieden und damit zu verhindern, dass er in Form eines Geistes zur Gesellschaft zurückkehrt, um sich an der Gesellschaft zu rächen. Steinmetz führt diese Rachepraktiken auf die Grausamkeit der Akteure jener Zeit zurück, die nach dem Tod eines ihrer Mitglieder jeden fremden Akteur zu töten versuchen, der sich ihnen in den Weg stellt. Im Gegensatz zu Steinmetz ist Mauss

2.1 Ausdifferenzierung von Recht und Religion

jedoch der Ansicht, dass „die Beziehung zwischen dem Totenkult und der Blutrache besser durch die Praxis des Bestattungsopfers, durch die Riten, auf die wir hingewiesen haben, festgestellt wird als durch die[se] ganze lange Aufzählung der Völker, bei denen die Blutrache mit der Angst vor den Toten zusammenfiel" (Mauss 2012, 68). Die Blutrache etwa, die in den antiken Gesellschaften verbreitet war, kann nicht mit dem Verbrechen gleichgesetzt werden, dessen Ursprung in der Psyche von grausamen Individuen zu suchen sei. Die Blutrache ist Teil einer Reihe von Ritualen, die Mauss als Totenopfer bezeichnet: „Nun ist aber in diesen Gesellschaften der Mord gerade kein Verbrechen, sondern ein einer Familie zugefügter Schaden, ein Schimpf; er war kein so schweres Vergehen wie in den gleichen Gesellschaften der Inzest oder die Blasphemie. Der Mord sollte zwar im Strafrecht Eingang finden, jedoch erst sehr spät, und ganz gewiß befand er sich anfangs nicht darin" (ebd.). Die Blutrache in ihrer extremsten Form, also dem Mord, war keine öffentliche, sondern eine private Angelegenheit. Deshalb kann die Blutrache im Speziellen und die Rache im Allgemeinen nicht, wie Steinmetz nahelegt, als Ursprung eines öffentlichen Gutes wie dem Strafrecht verstanden werden. Die Rache habe wahrscheinlich allein schon deshalb einen anderen Ursprung und eine andere Motivation, weil „die Gesellschaft diese Privatkriege beseitigen [muß]", die aus der Rache resultieren (ebd., 79). Deshalb werden etwa Strafmaßnahmen nicht – oder wenn, „nur unter sehr seltenen Umständen" – auf Clans angewandt, weshalb die Strafe „von Anfang an das Individuum zum Gegenstand [hat]", und in diesem Zusammenhang kann die Strafe mit dem Begriff der Schuld verbunden werden (ebd., 84). Diese Verbindung scheint umso interessanter, als die Strafmaßnahmen in den Gesellschaften, die Mauss untersucht, einen Ausgleich bzw. eine Entschädigung der geschädigten Partei in Form von Geld oder Gütern voraussetzen, damit die Strafe gebüßt wird, die Mauss am Ursprung der Sanktionssysteme der Gesellschaften sieht, die die Vollstreckung öffentlicher Urteile begleiten (ebd., 56 ff.). Diese Entschädigung funktioniert ähnlich wie eine Aufopferung: Um abgelöst zu werden, muss der Straftäter etwas von sich opfern. Dies führt Mauss dazu, das Recht im Rahmen religiöser Praktiken zu verorten und auf eine Koexistenz von Recht und Religion zu schließen (ebd., 68 f.). Mit dieser grundlegenden Einsicht zeigt Mauss seine Nähe zu Durkheims Auffassung zum Strafrecht, dessen Ursprung letzterer in der Religion sieht – Mauss bezeichnet diesen Gedanken in seinem Text zu Steinmetz sogar als eine seiner wichtigsten Inspirationsquellen (ebd., 68 Anm. 115; 69 Anm. 116). Deshalb überrascht es nicht, dass Mauss in Anlehnung an Durkheim die Koexistenz des Strafrechts und der Religion formuliert, die er in den religiösen Phänomenen und darunter besonders in den Opferpraktiken feststellt, deren

Vollstreckung wie im Strafrecht sowohl Vermittler als auch Vermittlungspraktiken voraussetzen.

2.1.1 Vermittler und Vermittlung

Die Rolle, die der Vermittler einerseits und die die Vermittlung andererseits im Rahmen von Opferpraktiken spielen, fassen Mauss und Henri Hubert in ihrem *Essai sur la nature et la fonction du sacrifice (Essay über die Natur und die Funktion des Opfers)* von 1899 wie folgt zusammen: „ohne Mittler kein Opfer" (Mauss und Hubert 2012b, 214). In den Opferriten wird die Vermittlung nicht nur von dem Akteur getätigt, der das Opfer durchführt und damit die Verbindung zwischen der Welt der Menschen und der Welt der Götter herstellt. Die Vermittlung wird auch von dem Priester ausgeübt, der den Opfernden begleitet, wenn der Opferritus beginnt. Der Priester steht „auf der Schwelle der sakralen Welt und der profanen Welt, die er abwechselnd repräsentiert" (ebd., 123). Er ist sowohl „der Beauftragte des Opfernden" als auch „mit einem göttlichen Siegel gekennzeichnet" (ebd.). Aufgrund seiner Nähe zu den Göttern ist der Priester oft von den Ritualen befreit, die der Opfernde einhalten muss, um am Opfer teilnehmen zu können. Der Priester übernimmt sowohl die Rolle des Begleiters des Opfernden als auch diejenige des Beschützers der gesamten Bevölkerung. Bei Tieropfern etwa verzehrt der Priester die Teile des geopferten Tieres, um zu gewährleisten, dass das Tier vollständig aus der zeitlichen Welt verabschiedet wird (ebd., 147). In dieser Hinsicht nimmt der Priester in seiner Rolle als Vermittler zwischen der profanen und der sakralen Welt eine rechtliche Funktion ein, die in Form von religiösen Praktiken zustande kommt. Der Priester gibt dem Opfernden das Recht, im Rahmen des Opferritus Teile des Opfers zu verzehren, und dieses Recht wird in den meisten Fällen „durch das Ritual begrenzt. Häufig mußte er es [das geopferte Tier; CP und CR] innerhalb einer bestimmten Zeit verzehren", denn „die Wirkungen seiner Konsekration dauerten nur eine gewisse Zeit" (ebd., 150 f.). Innerhalb dieser zeitlichen Grenzen übernimmt das Recht alle äußeren Aspekte der Religion, und umgekehrt übernimmt ein religiöser Ritus wie der Opferritus die Form von vertraglichen Praktiken. Oder wie Mauss und Hubert hervorheben: „Im Grunde gibt es vielleicht kein Opfer, das nicht etwas Vertragliches beinhaltet. Die beiden anwesenden Parteien tauschen ihre Dienste aus, und jede kommt dabei auf ihre Kosten. Denn auch die Götter brauchen die Profanen" (ebd., 214). Die Rolle des Vermittlers, die der Priester und im weiteren Sinne auch der Opfernde in den von Mauss und Hubert beschriebenen Opferriten übernehmen, ist ein entscheidendes Merkmal der Opferriten, das die Koexistenz des Rechts und der Religion in

2.1 Ausdifferenzierung von Recht und Religion

den antiken Gesellschaften belegt. Diese Koexistenz darf jedoch nicht als Kausalität aufgefasst werden und in eben diesem Punkt gibt sich eine bedeutende Distanz zwischen Mauss' und Durkheims Auffassung zur Verbindung von Recht und Religion zu erkennen. Nach Mauss' Dafürhalten ist das Recht in den alten Gesellschaften mit der Religion verbunden, was jedoch nicht mit dem Verständnis Durkheims gleichgesetzt werden kann, wonach das Recht aus der Religion entstehe. Es handelt sich eher um einen feinen und nuancierten Unterschied, der jedoch überaus wichtig ist. So legt Mauss nahe, dass sowohl das Recht wie auch die Religion mit der Zeit an Selbstständigkeit gewinnen, woraus sich allerdings nicht gleichzeitig ergibt, dass die Religion das Recht oder das Recht die Religion produziert. Daher kann im Laufe der Verselbständigung der Religion und des Rechts auch häufig beobachtet werden, dass die rechtlichen und religiösen Praktiken aneinander teilhaben oder sich gegenseitig ergänzen, was sich im Fall der Opferriten in sehr verschiedenen Formen manifestieren kann.

2.1.2 Verselbständigung der Religion und des Rechts

Die Art und Weise, wie Recht und Religion voneinander unterschieden werden können, folgt der Verschiebung des Gravitationszentrums der Opferriten, der vom Opfernden zu den Gegenständen verläuft, die in den Opferriten aufgeopfert werden. Diese Verschiebung zielt darauf ab, die Wirkung der Opferriten zum Vorteil der Gruppe zu optimieren und zu beschleunigen. Mauss und Hubert beobachten eine solche Verschiebung insbesondere im Rahmen der agrarischen Opferpraktiken, wie etwa im Opfer des Weizens (vgl. ebd., 192). Die Verwendung von Weizen als Opfergegenstand soll gewährleisten, dass der Weizen weiterhin auf den Feldern wächst und die Felder fruchtbar bleiben. Jedoch hat das Weizenopfer in den entsprechenden Riten nur eine Wirkung auf den Weizen und das Feld, das den Weizen repräsentiert. Damit sich der Opferritus positiv auf das gesamte landwirtschaftliche Leben auswirkt, muss der Gegenstand des Opferritus bzw. der Weizen an „Persönlichkeit" gewinnen (ebd., 193). Er muss entweder einen anderen Namen bekommen oder er muss durch ein Tier oder einen Menschen ersetzt werden. „Auf diese Weise wird die Seele des Lebens der Felder nach und nach den Feldern äußerlich und individualisiert sich" (ebd., 194). Diese Personalisierung des Opfergegenstandes taucht besonders deutlich im Rahmen der Opferung der Götter auf, die für Mauss und Hubert die ultimative Form des Opfers darstellt, denn in diesem „gibt sich [der Gott, der sich opfert,] ohne Gegenleistung hin" (ebd., 214), d. h. die Menschen müssen keinen Gegenstand, kein Tier und keinen

Menschen im Sinne einer Gegengabe opfern. Diese Verschiebung des Gravitationszentrums der Opferriten entspreche einer Verselbstständigung der Religion gegenüber dem Recht, die nach Mauss und Hubert zur Selbstständigkeit des religiösen Elements gegenüber dem rechtlichen Element des Opferritus beiträgt. Je abstrakter das Mittel des Opfers wird, desto vollständiger gehört das Opfer dem religiösen Bereich an und desto mehr wird es als religiöse Praxis von der Rechtspraxis unterschieden. Dasselbe gilt für die Strafe, deren Bedeutungswandel auf die Verselbständigung des Rechts gegenüber der Religion zurückzuführen ist.

Während in den antiken Gesellschaften religiöse und rechtliche Strafen eng miteinander verbunden sind, fördert die Entwicklung der Opferpraktiken die Veränderung der Klassifizierung von Verstößen und der damit verbundenen Strafen, die sich mehr und mehr verselbstständigen und von den religiösen Klassifikations- und Sanktionssystemen emanzipiert werden. Die Bestrafung für einen Mord erfolgt nicht mehr durch Todesopferriten, sondern durch die Bezahlung eines Betrags als Bedingung für den Straftäter, seine Straftat abzulösen. In modernen Gesellschaften werden Verstöße nicht mehr als Straftaten verstanden, die die ganze Gesellschaft beflecken, sondern sie werden individuellen Akteuren zugerechnet, die sich gegenüber der Gesellschaft und ihren Regeln verantworten müssen. In den zeitgenössischen Gesellschaften hat sich somit das Recht auf Bereiche ausgeweitet, die in der Antike von der religiösen Praxis beherrscht wurden: „Von der Gesetzgebung des Tabus bis hin zu unseren Kodizes nahm der Fortschritt einen ununterbrochenen Verlauf und bestand darin, von den religiösen und instinktiven Ursprüngen zum rationalen und sozialen Ideal überzugehen, zu dem unsere Justiz tendiert" (Mauss 2012, 90). Dieser Gedanke ist für das Verständnis der Bedeutung der Opferriten besonders wichtig. Denn das Opfer ermöglicht es nicht nur, die Verbindungen zwischen dem Religiösen und dem Rechtlichen in Riten und Kulten besser zu verstehen. Es zeigt auch, wie Elemente der Religion und des Rechts in zeitgenössischen „soziale[n] Praktiken, die nicht im eigentlichen Sinn religiös sind", bewahrt worden sind (Mauss und Hubert 2012b, 216). Das wichtigste dieser Elemente ist der Kontakt, den alle Opfer zwischen der Welt des Profanen und der Welt des Sakralen herstellen, egal ob es sich um die Beziehung zwischen Menschen und Göttern oder zwischen Individuum und Gesellschaft handelt (Mauss 2012, 72 ff.). Dieser Kontakt verleiht dem Opfer sein individuelles und sein kollektives Wesen, von dem seine Wirksamkeit nicht nur als Ritus unmittelbar abhängt, sondern auch und vor allem als ein Verhältnis, bei dem die Beseitigung der individuellen Schuld nicht ohne die „religiöse Solidarität der Gruppe" gehe (ebd., 79). Dadurch wird die Bedeutung der Strafe als Schuld und als eine Art von Vertrag zwischen einem Akteur und seiner Gesellschaft deutlich. Die Strafe taucht als dieses Verhältnis zwischen

2.1 Ausdifferenzierung von Recht und Religion

Individuum und Gesellschaft auf, das sich aus ihrem Kontakt ergibt, von dem die Formen des Opfers die unterschiedlichen Modalitäten bezeichnen (vgl. etwa Mauss und Hubert 2012b, 211). Dieser Kontakt hält die Menschen und die Götter sowie die Menschen und ihre Gesellschaft zusammen, weshalb bei einer Gefährdung durch Straftaten die ganze Gesellschaft die Schmerzen spürt, unter denen das Opfer einer Straftat leidet. Dieser kollektiv empfundene Schmerz bereitet den Weg für die Verwendung von Strafen und stellt die Grundlage für jedwede Strafpraxis dar, was wiederum zeigt, dass das Recht und besonders das Strafrecht keine institutionalisierte, rationalisierte Form der Verwendung irrationaler Gewalt ist, wie Steinmetz in seinen Ausführungen zur Rache behauptet. Es ist eine Institution, die durch die Ausübung der Strafe eine formale Verbindung zwischen dem schuldigen Akteur bzw. dem Straftäter und seiner Gesellschaft herstellt, die darauf abzielt, den kollektiven Schmerz zu sühnen und die Verhältnisse in der Gesellschaft zu befrieden.

2.1.3 Schmerz und Strafe

Die Bedeutung des Verhältnisses zwischen dem Profanen und dem Sakralen auf der religiösen Ebene und zwischen dem Schuldigen und der Gesellschaft auf der rechtlichen Ebene spiegelt sich in der Kommunikation wider, die das Opfer zwischen der gesellschaftlichen Welt und der symbolischen Welt der Götter in regelmäßigen Abständen herstellt. Dabei muss gewährleistet werden, dass der Kontakt zwischen Profanem und Sakralem, zwischen Menschen und Göttern und – nicht zuletzt – zwischen Menschen, nicht verloren geht. Die Bewahrung dieses Kontakts motiviert die Opferpraxis in den antiken Gesellschaften grundlegend, weil nach Mauss und Hubert in diesen Gesellschaften die Welt der Menschen ohne die Welt der Götter und das Individuum ohne die Gesellschaft unvorstellbar sind. Vor diesem Hintergrund kann Mauss' und Huberts Kritik an Steinmetz' Deutung der Rache als Produkt einer dem Menschen innewohnenden Grausamkeit besser nachvollzogen werden. Wäre die Grausamkeit die Grundlage des Strafrechts und der damit verbundenen Ausübung der Strafe, dann müsste man eine ständige Produktion von Opferpraktiken beobachten können, die zudem zu einer fortschreitenden Rationalisierung der „Sympathie mit dem Betroffenen" führen müsste (Mauss 2012, 43). Oder anders gesagt: Wir befänden uns in einem Zustand andauernder Gewalt, denn nach Steinmetz ist die menschliche Grausamkeit „eine permanente Neigung. Sie führt zu ständigen, gewohnheitsmäßigen Handlungen" (ebd., 69). Eine solche Produktion von Opferpraktiken ist jedoch in den antiken Gesellschaften nirgends zu finden. Opferpraktiken finden nicht ständig, sondern nur zu bestimmten Zeiten statt, was Mauss zu der These veranlasst, dass nicht die Grausamkeit, sondern die Wut die Familiengruppe wie die Clans zur Rache treibt: „Rache steht in direkterem Zusammenhang mit Wut als mit Grausamkeit" (ebd.). Diese Wut, die zwar zur Rache und zum Mord führen kann, wird in den antiken Gesellschaften jedoch nicht als Vorbedingung der Tötung betrachtet, sondern als Reaktion der Gesellschaft auf den kollektiv empfundenen Schmerz verstanden, den die Wut beseitigen will (ebd., 68 f.). „[A]lle [müssen] unter dem von einem einzigen zugefügten Übel leiden" (ebd., 76), weil alle miteinander in Kontakt stehen und dafür sorgen, dass ihr Verhältnis nicht gefährdet wird, was das Verhältnis nicht nur zwischen den gesellschaftlichen Akteuren, sondern ebenfalls zwischen der gesellschaftlichen Welt und der symbolischen Götterwelt beeinträchtige. Das Recht und das Strafrecht tauchen in diesem Zusammenhang als Gewährleistung auf, sowohl des rechtlichen Ausdrucks der Wut der Familie oder des Clans, als auch der Bewahrung der Verhältnisse zwischen Akteuren, die ebenfalls eine Bewahrung des Verhältnisses zum schuldigen Akteur bedeutet, der deshalb nicht zwingend getötet, sondern bestraft werden muss.

Allerdings bleibt Mauss bei seiner Erklärung des Verhältnisses von kollektivem Schmerz, Recht und Strafrecht eher allgemein. Er vertieft nicht weiter, wie das Recht dazu beiträgt, aus einem solchen Verhältnis eine Art von Empathie, die die Familie bzw. der Clan und die Gesellschaft für den schuldigen Akteur aufbringen, zu generieren, die wiederum die Familie und den Clan von einem möglichen Racheakt zurückzuhalten imstande ist. Nach Mauss' Ansicht entwickelt sich diese Art von Empathie in den antiken Gesellschaften auf Grundlage der „familiären Solidarität", die zwischen den unterschiedlichen Gruppen herrscht (ebd.); ein Argument, das Mauss in Anlehnung an Durkheim aufgreift. Durkheim ist ihm dafür sogar dankbar: „Ich verdanke es dir, dass ich mir beim Lesen deines Aufsatzes und bei den Gesprächen mit dir meinem eigenen Denken vollständiger bewusst geworden bin; und das ist der größte Gefallen, den du mir je hättest tun können" (Durkheim 1998, 73). Nichtsdestotrotz stellt sich vor diesem Hintergrund folgende Frage: Worin besteht die familiäre Solidarität? Mauss antwortet zuerst, Durkheim folgend, dass sie sich aus der „religiösen Natur der Familie" ergebe (Mauss 2012, 65). „Unabhängig von den Meinungsverschiedenheiten der historischen und der anthropologischen Schule in der Frage, ob nun der Totemismus oder die patriarchalische Familie als Ursprung der Entwicklung der Familie zu gelten habe, herrscht über die religiöse Natur dieses Ursprungs Einigkeit" (ebd., 75). Aber einige Jahre später, nämlich in seiner *Esquisse d'une théorie générale de la magie (Entwurf einer allgemeinen Theorie der Magie)*, die er mit Hubert verfasst, gelangt er diesbezüglich zu einer anderen Überlegung.

2.2 Ausdifferenzierung von Magie und Religion

Die Magie und die Religion unterscheiden sich voneinander, weil sie nicht auf dieselbe Realität abzielen. Die Magie tendiere „zum Konkreten", die Religion „zum Abstrakten" (Mauss und Hubert 2012a, 394). Die Merkmale der Magie bilden „eine lebende, formlose und unorganische Masse, deren Bestandteile weder eine feste Position noch eine eindeutige Funktion haben" (ebd., 332). Die Religion wird ihrerseits als ein spezialisiertes System dargestellt, in dem „das Ritual und seine Arten, andererseits die Mythologie und Dogmatik wirklich autonom sind" (ebd.). Diese Unterschiede sind vor allem analytischer Natur. Im Alltagsleben der Gesellschaften, die Mauss und Hubert untersuchen, gibt es, wie am Beispiel des Rechts und der Religion zu sehen, keine radikale Trennung zwischen der Magie und der Religion. Mauss und Hubert meinen damit, dass sie von denselben „elementaren Tatsachen, [den] Grundtatsachen" abhängen, die sie mit dem *mana* gleichsetzen und als eine Art magische und religiöse Kraft bezeichnen, welche ihre „gemeinsame Quelle" sei (etwa ebd., 389). Was ist das *mana*? Mauss und Hubert finden keine genaue Definition für diesen polysemischen Begriff. Sie sagen, dass das *mana* die kollektiven Kräfte symbolisiere und die Magier dazu bestimme, ihre Rolle in der Gesellschaft zu spielen (Mauss und Hubert 2014, § 85 ff.) oder dass das *mana* mit dem Begriff des Sakralen vergleichbar sei (Mauss und Hubert 2012a, 368 f.). Aber mit solchen Definitionsversuchen sind weder Mauss noch Hubert zufrieden: „Wir könnten hier einhalten und sagen, daß die Magie ein soziales Phänomen ist, da wir unter allen ihren Manifestationen einen kollektiven Begriff gefunden haben. Doch nach unserem jetzigen Eindruck scheint uns dieser Begriff des *mana* noch zu sehr vom Mechanismus des sozialen Lebens abgelöst; er ist noch zu sehr etwas Verstandesmäßiges" (ebd., 372). Nach Mauss ist die Magie im Vergleich zur Religion unmittelbar mit dem praktischen Leben der Menschen verbunden, in dem alles miteinander verwoben ist, in dem die Gesten, „in welchen sich das Bedürfnis der Individuen ausdrückt", „schlecht [koordiniert] und [ohnmächtig]" sind (ebd., 395). Eine wichtige Funktion der Magie ist es, dieser schwachen Zusammenstellung von Menschen und Gegenständen „Form" zu geben, „und weil sie aus ihnen Riten macht, verleiht sie ihnen Wirksamkeit" (ebd.). In der Magie wird die Wirksamkeit der Riten an ihrer „physischen Wirkung" (Mauss 1947, 85) gemessen, während in der Religion die Riten bereits an sich eine Wirkung haben, die „sui generis" sei, selbst wenn diese religiösen Riten nicht darauf abzielen, die physische Natur der Umwelt oder der Menschen zu verändern. Ganz anders ist es bei der Magie, die konkrete Veränderungen hervorbringen soll, weshalb sie für Mauss eine sehr wichtige Rolle in Verbindung mit dem kollektiven Empfinden von Schmerzen spielt: Durch die

Magie ist es möglich, das Verhältnis zwischen den Individuen und ihrer Gesellschaft wiederherzustellen, indem die magischen Riten den Schmerz beseitigen und damit gewährleisten, dass das Verhältnis zwischen Individuen und Gesellschaft nicht gefährdet wird. Die magischen Riten leisten also in der physischen Welt der Menschen genau das, was die religiösen Opferriten für die Gewährleistung der Kommunikation zwischen der Welt der Menschen und der Welt der Götter leisten. Sowohl die Magie als auch die Religion beruht also auf einem Verhältnis, das in der Magie als ein konkretes bzw. gesellschaftliches zu verstehen ist, während es sich in der Religion als ein abstraktes bzw. symbolisches Verhältnis vergegenwärtigt. Wie bei der Koexistenz mit und der Verselbstständigung des Rechts von der Religion, finden Mauss und Hubert in der Koexistenz mit – und der Verselbstständigung der Magie von – der Religion vergleichbare Mechanismen. Mauss und Hubert schließen hieraus, dass die Funktionen der Magie, der Religion und des Rechtes darin bestehen, gesellschaftliche und außergesellschaftliche Verhältnisse zu gewährleisten, damit die Kommunikation mit der natürlichen, gesellschaftlichen und symbolischen Umwelt nicht beeinträchtigt wird. In diesem Zusammenhang spielt die kollektive Empfindung von Schmerzen die Rolle eines Warnsignals und eines Aufrufs zur Beachtung der entsprechend gefährdeten Verhältnisse, die die Akteure zu Zurückhaltung und Bescheidenheit bzw. zur Hemmung bewegen sollen. Mit der Hemmung, die im Rahmen der magischen Praktiken auftritt, identifizieren Mauss und Hubert ein ähnliches Phänomen wie das der Empathie, die sich bei den geschädigten Familien und Clans durch die Bestrafung von Delikten einstellt. Im Rahmen der *Esquisse* wird die Hemmung entsprechend als die Grundbedingung der Wirkung magischer Riten bestimmt, deren Entwicklung die Grundlage für die Entstehung der Wissenschaften und Techniken sowohl vorbereitet als auch bildet.

2.2.1 Die Hemmung als Handlung

Die Hemmung versteht Mauss als eine grundlegende Disposition menschlichen Verhaltens, die er als eine Handlung in Form einer Verzögerung der Handlung versteht, oder wie er zugespitzt formuliert: „Nichts zu tun ist immer noch eine Handlung, eine Hemmung ist immer noch eine Handlung" (Mauss 1947, 237). Er fügt hinzu, dass die Hemmung als „Widerstand gegen die aufsteigenden Emotionen [...] etwas Grundlegendes im sozialen und im mentalen Leben" darstellt (Mauss 2010a, 219). Die Hemmung als Handlung in Form der Verzögerung von Handlungen symbolisiert die eigene „Selbstbeherrschung", die eigene „Würde", die sowohl in Bezug auf die physische als auch auf die soziale Welt, als auch

2.2 Ausdifferenzierung von Magie und Religion

auf die Welt der Götter entwickelt wird (ebd.), um das Verhältnis zwischen diesen Welten zu bewahren. Schon in den Opferriten finden Mauss und Hubert zahlreiche Beispiele von Hemmungen verschiedener Form vor, da jeder sakrale Gegenstand derartige Hemmungen voraussetzt (Mauss und Hubert 1929, 27), die in den Verboten ihre sowohl typische als auch öffentliche Darstellung finden. Diese Hemmungen sind „Handlungsverzögerungen" (Mauss 2010a, 219), die an der Seite der Priester und Magier, die respektive das Opfer und die magischen Riten praktizieren, gut beobachtet werden können. Im Opfer wie in den magischen Riten ist eine bedeutsame Vorsicht erforderlich und gleichsam geboten, weil zum einen Priester wie Opfernde im Opfer und zum anderen Magier in den magischen Riten diese Praktiken sehr genau durchführen und dabei stets sicherstellen müssen, dass sie das Opferritual bzw. das magische Ritual unbeschädigt verlassen können. Obwohl der Priester „natürlicherweise der sakralen Welt näher ist" (Mauss und Hubert 2012b, 124) und daher nicht so viele Vorsichtsmaßnahmen wie der Opfernde in seine Tätigkeiten einflechten muss, um dem Opfer beizutreten, muss er dennoch „einige zusätzliche Vorsichtsmaßnahmen ergreifen. Er mußte sich waschen, bevor er das Heiligtum betrat; vor der Zeremonie mußte er sich des Weins und gegorener Getränke enthalten" (ibid.). Er muss sich von seiner Familie isolieren und nachts wach bleiben, um unfreiwillige Verunreinigungen zu vermeiden (ebd., 125 f.). In den Opferriten gewährleisten solche Entbehrungen dem Priester und seiner Gesellschaft, dass er nicht während des Opfers stirbt, was „ein großes Unglück" wäre (ebd., 126, Anm. 115). Nachdem das Opfer erbracht wurde, muss der Priester die Rituale zum Verlassen des Opfers durchführen. Er verlässt die Gruppe, wäscht sich und zieht sich um, damit er in die Gruppe als eines ihrer Mitglieder zurückkehren darf. Diese verschiedenen Formen der Vorsicht, in denen Zurückhaltung, Verzichtspraktiken und Bescheidenheit zum Ausdruck kommen, symbolisieren die Hemmung, die beim Magier noch stärker ausgeprägt ist. „Während der religiöse Ritus im allgemeinen den hellen Tag und das Publikum sucht, flieht sie der magische Ritus. Selbst, wenn er erlaubt ist, verbirgt er sich wie die Behexung. Selbst dann, wenn der Magier vor dem Publikum handeln muß, versucht er, ihm zu entgehen, seine Gebärden sind flüchtig und seine Worte undeutlich; der Medizinmann und der Heilpraktiker, die vor versammelter Familie arbeiten, murmeln ihre Formeln, verwischen ihre Kunstgriffe und hüllen sich in vorgetäuschte oder wirkliche Ekstasen. So isoliert sich der Magier inmitten der Gesellschaft, am entschiedensten, wenn er sich in die Tiefe der Wälder zurückzieht. Selbst den Blicken seiner Kollegen gegenüber wahrt er fast immer sein Eigenes und hält sich zurück" (Mauss und Hubert 2012a, 256).

2.2.2 Die Magier

All diese Elemente sprechen für die „Irreligiosität des magischen Ritus" (ebd.), d. h. sein konkretes, inhomogenes und disharmonisches Wesen, das im unmittelbaren Zusammenhang mit den praktischen Bedürfnissen des täglichen Lebens der Gesellschaften steht. Folgerichtig schlussfolgern Mauss und Hubert: „Notwendigkeit, aber nicht moralische Verpflichtung macht sich geltend, wenn auf den Medizinmann, den Besitzer des Fetisches oder des Geistes, den Heilpraktiker oder den Magier zurückgegriffen wird" (ebd., 257). Diese Notwendigkeit ergibt sich aus dem alltäglichen Leben, und im Gegensatz zu religiösen Riten und Kulten, die einer geregelten Periodizität unterworfen sind – am Beispiel der Opferriten haben wir gesehen, wie Mauss und Hubert mit Nachdruck betonen, dass solche Riten nicht ständig, sondern zu bestimmten Zeiten und an besonderen Orten durchgeführt werden –, ist sie nicht an bestimmte Zeiten und Orte gebunden. Deshalb scheuen sich die Akteure, Magier zu werden: „Die meisten halten sich aus Skrupeln oder aus mangelndem Vertrauen in sich zurück, und es kommt auch vor, daß einer sich weigert, sich ein nützliches Rezept auch nur mitteilen zu lassen" (ebd., 258). Diese Skrupel ergeben sich daraus, dass der Magier kein Mitglied der Gesellschaft wie die anderen ist, sondern ein Mitglied, das dazu bestimmt ist, sich aus der Gesellschaft zurückzuziehen. Aus diesem Grund finden sich Magier unter älteren Menschen, Frauen und Kindern bzw. unter sozialen Akteuren, die in diesen Gesellschaften als am Rande des gesellschaftlichen Lebens stehend wahrgenommen werden. Aus demselben Grund sind Magier auch unter Ärzten und Schmieden zu finden, deren technisches Handwerk „zu technisch ist, um nicht okkult und staunenerregend zu erscheinen" (ebd., 262). Man findet sie ebenfalls bei den Barbieren, den Hirten, den Totengräbern und den Henkern, vor allem wegen der okkulten Aura, die entweder ihrer beruflichen Tätigkeit selbst entspringt oder dem Umfeld, in dem sie ihren Beruf ausüben, zugeschrieben wird: der Körper für den Barbier, die Natur für den Hirten, der Tod für den Totengräber und den Henker. Ebenso können Menschen mit gesellschaftlicher Macht oder sozialem Prestige Magier werden, da sie sich wegen ihrer hohen gesellschaftlichen Position des Rückhalts ihrer Gesellschaft sicher sein können (ebd., 262 f.). Umgekehrt gilt diese Regel ebenfalls, weshalb Magier auch unter benachteiligten und geächteten Bevölkerungsgruppen – etwa bei den Juden oder bei Mitgliedern religiöser Sekten (ebd., 264 f.) – anzutreffen sind. Was einen Akteur zum Magier macht, ist die exzentrische soziale Position, die er in dieser Gesellschaft *nolens volens* bezieht und die ihn dazu zwingt, ein mehr oder weniger virtuelles Verhältnis zum Rest der Gesellschaft zu entwickeln. Magier sind sozusagen isolierte Akteure, je nachdem, ob der Magier die Magie zu seinem

2.2 Ausdifferenzierung von Magie und Religion

Beruf gemacht hat oder sie nur als Nebenbeschäftigung ausübt, oder ob er lediglich in den Augen der Gesellschaft Magie betreibt bzw. mit ihr in Kontakt tritt. Sie werden ebenso bewundert wie gefürchtet und schüren den Aberglauben wie den der Verdoppelung, wonach die Seele des Magiers aus seinem Körper und in verschiedenen Formen durch die Welt wandern kann (als Tier, Insekt usw.). Die Magier spielen mit derlei Aberglaube, um das „von Geheimnissen umgebene Handwerk" aufrechtzuerhalten (ebd., 263).

Diese soziale Position des Magiers spiegelt sich in seinem Handeln bzw. in der Art und Weise wider, wie er die magischen Riten vollzieht. Die magische Praxis besteht darin, alle möglichen Dinge miteinander zu verbinden. In der Magie steht alles im Kontakt: „Alles, was im unmittelbaren Kontakt mit der Person steht, die Kleider, die Fußabdrücke, Abdruck des Körpers im Gras oder im Bett, das Bett, der Sitzplatz, die Gegenstände, deren man sich gewohnheitsmäßig bedient, Spielzeug und anderes werden den abgetrennten Teilen geähnelt. Es ist dabei nicht nötig, daß die Berührung habituell oder häufig ist oder eigens zustande gebracht wird, wie es bei Kleidern und alltäglichen Gegenständen der Fall ist: man verzaubert den Weg, die zufällig berührten Gegenstände, das Badewasser, eine angebissene Frucht usw. Die Magie, die überall ohne Ausnahme mit den Resten der Mahlzeiten ausgeübt wird, geht von der Idee aus, daß es eine Kontiguität oder absolute Identität zwischen den Speiseresten, den eingenommenen Speisen und dem Essenden gibt, der mit dem, was er gegessen hat, substanziell identisch geworden ist. Eine ganz ähnliche Kontiguitätsbeziehung besteht zwischen einem Mann und seiner Familie; indem man auf seine Eltern einwirkt, wirkt man unfehlbar auf ihn [...]. Zwischen einer Wunde und der Waffe, die sie geschlagen hat, stellt sich durch Kontiguität eine sympathetische Beziehung her, die man verwenden kann, um erstere mittels der zweiten zu behandeln" (ebd., 305). Eben diese „Sympathie" zwischen Akteuren, Gegenständen, Symbolen, Geistern und Göttern macht sie wechselseitig ersetzbar, was sie wiederum in gesellschaftlichen Austausch bringt. Alles, was die Hemmung des Magiers kennzeichnet, dient der Vorbereitung der magischen Handlung, damit sie mit maximaler Effizienz auf ihre Gegenstände wirkt, wobei diese „Wirkung" nichts anderes ist, als Akteure, Gegenstände, Symbole, Geister und Götter in Kontakt zu bringen und dafür zu sorgen, dass die hergestellten Kontakte bewahrt oder nach Unterbrechung wiederhergestellt werden. Unter diesem Gesichtspunkt erscheint die Magie, wie sie Mauss und Hubert verstehen, als „eine primitive Wissenschaft" (ebd., 303). Wie die Opferpraktiken dient die Magie der Unterstützung aller gesellschaftlichen Akteure. Dennoch bleibt die magische Welt eine Welt der „Wünsche und Hoffnungen", die „immer die leichteste Technik ist" und „die Anstrengung [meidet], weil es ihr gelingt, die Realität durch Bilder zu ersetzen. Sie tut nichts oder fast nichts, weil sie alles glauben macht, und dies um so leichter, als sie kollektive Ideen und Kräfte in den Dienst der individuellen Einbildungskraft stellt" (ebd., 395). Das ist die eigentliche Wirksamkeit der Magie, die „damit vollauf den Wünschen und Hoffnungen [genügt], die ganze Generationen gemeinsam gehegt haben" (ebd.). So wirkt die Magie wie eine archaische wissenschaftliche Praxis, die jedoch durch die Entwicklung von Wissenschaft und Technik, die sie vorbereitet, abgelöst wird. Wie kann eine solche Paradoxie erklärt werden?

2.2.3 Wissenschaft und Technik vs. Magie?

Diese Paradoxie lässt sich durch den Umstand erklären, dass die Veränderung und Ablösung der Magie durch die Entwicklung von Wissenschaft und Technik aus der Magie heraus nicht automatisch geschieht, sondern damit verbunden ist, dass die Magier ständig ihre Praxis reflektieren, um sie zu verbessern. Wenn die Magie ihre Mystik verliert, dann geschieht dies nach Mauss deshalb, weil die Bilder, die sie zur Erklärung der Welt liefert, nicht mehr zufriedenstellend sind, und eine solche Enttäuschung trifft unmittelbar und in erster Linie die Magier, die solche Bilder infrage stellen. Da der Magier seine Macht vor allem auf die physische Welt ausübt, um sie mit den Welten der Gesellschaft und der Götter zu verbinden, ist er derjenige, der beim Versagen der magischen Riten über diese physische Welt reflektiert, um herauszufinden, wie seine Praxis angepasst oder verändert werden kann, um effizienter zu funktionieren. Dies führt unvermeidlich zu einer Spezialisierung der magischen Praxis: „Die Magie [...] mißt der Erkenntnis eine äußerst große Bedeutung bei und in ihr sieht sie eine ihrer wichtigsten Aufgaben, denn wir haben ja gesehen, daß Wissen für sie gleich Macht ist [...] die Magie, die wir als mehr vom Konkreten gefesselt geschildert haben, [wendet sich] der Naturerkenntnis zu. Sehr schnell stellt sie eine Liste der Pflanzen, der Metalle, der Phänomene und Wesen überhaupt auf und schafft ein erstes Handbuch der Astronomie, der Physik und der Naturkunde. Bestimmte Zweige der Magie, wie die Astronomie und die Alchemie, gehörten in Griechenland zur angewandten Physik, so daß die Magier mit gutem Grund den Namen φυσικοί erhielten und das Wort φυσικός synonym mit ‚magisch' war. Gelegentlich haben die Magier sogar den Versuch gemacht, ihre Erkenntnisse zu systematisieren und ihre Prinzipien aufzufinden. Wird eine derartige Theorie innerhalb der Magierschulen erarbeitet, so geschieht dies mit durchaus rationalen und individuellen Verfahrensweisen. Im Gang dieser Ausarbeitung ihrer Doktrin bemühen sich die Magier, das Mystische so weit wie möglich zurückzudrängen, so daß die Magie das Aussehen einer wirklichen Wissenschaft annimmt" (ebd., 396). Dieser letzte

2.2 Ausdifferenzierung von Magie und Religion

Punkt ist deshalb wichtig, weil Mauss und Hubert die Bedeutung der Ausbildung der Magier als Triebkraft der Entwicklung der Wissenschaften und Techniken aus der Magie hervorheben. Diese Ausbildung, die in kleinen Gruppen von Magiern stattfindet, ist die komplementäre Seite der Hemmung. Wie wir unterstrichen haben, bezeichnet die Hemmung nach Mauss einen Zwang zur Zurückhaltung von Handlungen, der zeigt, wie soziale Regeln zur Durchführung von Riten, die für die Bewahrung der ganzen Gesellschaft elementar sind, einverleibt und eingehalten werden. Die Ausbildung der Magier einerseits und ihre Investition in die Spezialisierung ihrer Praxis andererseits zeigt diese Einverleibung der sozialen Regeln durch die Magier, und sie entspricht der Hemmung insofern, als „[a]lle sozialen Phänomene bis zu einem gewissen Grad das Werk des kollektiven Willens sind" (Mauss und Hubert 1929, 470). Deshalb kann eine fortschreitende Spezialisierung des Magiers zum Wissenschaftler nur das Ergebnis einer endogenen Transformation der Magie selbst sein. „Wir dürfen sagen, daß sich die Medizin, die Arzneikunde, die Alchemie und die Astrologie in der Magie um einen Kern rein technischer Entdeckungen herum entwickelt haben, der so reduziert wie möglich gehalten wurde [...] Die Techniken sind für uns so etwas wie Keime, die auf dem Boden der Magie Frucht getragen haben; sie haben sie aber zugleich enteignet. Fortschreitend haben sie alles Geheimnisvolle, das sie ihr entlehnt hatten, abgelegt, und die noch fortbestehenden magischen Kunstgriffe haben mehr und mehr ihren Wert verändert; während man ihnen früher ein geheimnisvolles Wirkungsvermögen zuschrieb, haben sie jetzt nur noch eine mechanische Wirkung; so sehen wir heutzutage die medizinische Massage aus den Kunstgriffen des Heilpraktikers hervorgehen" (Mauss und Hubert 2012a, 395 f.). Damit diese endogene Transformation durchgeführt werden kann, bedarf es Variationen, die von Akteuren in die Gesellschaft gebracht werden, und genau darauf zielt die Ausbildung der Magier und ihre Arbeit an der Anpassung bzw. Veränderung ihrer Praxis ab. Durch die Einführung dieser Variationen tragen die Magier dazu bei, ihre Praxis selbst von der Last der Traditionen zu befreien. Diese Befreiung erfolgt nur dann, wenn der Magier in Trance ist bzw. wenn er sich nicht in seinem normalen Zustand befindet, sondern in einem Zustand, der durch eine „tiefgreifende Veränderung der Persönlichkeit" gekennzeichnet ist, deren milde Form die Ausbildung des Magiers widerspiegelt (Mauss und Hubert 1929, 33). Deshalb geht aus der Magie nichts Wissenschaftliches hervor, solange der Magier nicht nach besseren Techniken strebt. Für den Magier bedeutet der Übergang von der Magie zur Wissenschaft also eine Askese und einen relativen Bruch mit den alten Sitten und Dogmen, mit denen seine Praxis verbunden war, auch wenn durch solch eine endogene Transformation der Magie die Verbindung mit der Tradition nicht vollständig verloren geht. Hier erkennt man Mauss' Bezugnahme auf die britische Ethnologie und die für ihn wichtige Erkenntnis wieder, dass die „Überbleibsel" bzw. die Fragmente der Vergangenheit in den gegenwärtigen gesellschaftlichen Praktiken fortdauern (Mauss und Hubert 2012b, 103). Zwischen Magie, Wissenschaft und Techniken gibt es keinen absoluten Bruch, sondern eine relative Kontinuität, eine relative Beständigkeit bestimmter sozialer Muster, Praktiken und Institutionen, die über die Zeit und den Raum hinweg in Kontakt bleiben: „Wenn sie sich getrennt haben, wenn der Kontakt aufgehört hat, wirkt die sympathische Vereinigung auf Distanz" (Mauss und Hubert 1929, 127), wie Mauss und Hubert von den Gruppen sagen, die die magischen Riten des Regenmachens praktizieren. Diese Aussage unterstreicht den Gedanken, dass ein solcher Kontakt nicht endgültig zerstört werden kann, da eine derartige Verbindung in kollektiven Gewohnheiten und Vorstellungen ebenso verwurzelt ist, wie in den Körpern der Subjekte und damit in den Subjekten selbst, die als Produkte der Geschichte verstanden werden.

Diesen letzten Aspekt entwickelt Mauss in seinem Aufsatz *Les techniques du corps* (1934) weiter. Darin dienen ihm seine Gedanken zu Techniken im Allgemeinen und zur Genese von Techniken im Besonderen als Ausgangspunkt für die Analyse des menschlichen Körpers. So stellt Mauss in diesem Aufsatz erstmals allgemeine Überlegungen über die Entwicklung von praktischen Techniken des Körpers an und schlägt insbesondere in Bezug auf das Alter, die Gattung und die Beschäftigung von Menschen eine Gliederung der Gestik vor. In diesem Rahmen hebt Mauss besonders die Bedeutung, die der Herrschaft der sozialen Gruppe zukommt, und die Bedeutung, die soziologische Faktoren wie das Zusammenleben oder die Ausbildung spielen, hervor, um die bio-psychologische Anpassung des menschlichen Körpers näher zu präzisieren. Nicht nur die Beschaffenheit unseres Körpers, sondern auch die Art und Weise wie wir uns bewegen, die Gesten die wir entwickeln, sind in höchstem Maße vom sozialen Kontext bestimmt, in dem wir leben. Deshalb gibt es nicht die *eine* Technik des Körpers, sondern es gibt mehrere Körpertechniken, deren Grundlage die anderen praktischen Techniken sind, mittels derer die Akteure ihren Alltag konkret und effizient organisieren. Diese Techniken des Körpers werden nicht spontan von den Akteuren entwickelt, sondern sie werden in der Praxis gelernt und ausgeübt, was Mauss in Anlehnung an Durkheim dazu veranlasst, von der Aneignung der Gestik bei jungen Akteuren als einer Art von Dressur zu sprechen. Der Körper in seiner Bewegung muss auf den geeigneten und dem sozialen Milieu entsprechenden Stand der Techniken gebracht werden, weshalb die Sozialisation in Bezug auf die Körpergestik im Speziellen und die Körperbewegung im Allgemeinen die Sozialisation in Bezug auf den praktischen Umgang mit anderen Techniken des alltäglichen Lebens miteinbezieht. Wenn im erwachsenen Alter diese Techniken des Körpers stabilisiert werden und die Form gewohnheitsmäßiger Gesten und Bewegungen als Ergebnis der Einverleibung von kollektiven praktischen gewohnheitsmäßigen Techniken annehmen, werden sie nichtsdestotrotz im Laufe des Lebens weiter angepasst. Die Körpertechniken bedürfen insbesondere im hohen Alter Anpassungen, die nicht nur die Rolle der Akteure in der Gesellschaft, sondern ebenso deren Position in der Struktur der gesellschaftlichen Verhältnisse widerspiegeln. Ausgehend von den Techniken des Alltags entwickeln sich also weitere Techniken zur Bewältigung des Alltags, die zuerst die Bewältigung der eigenen Gesten und Bewegungen betreffen, weil das Subjekt als Geschichtsprodukt gleichzeitig ein Objekt bzw. ein Körper ist und in ihm eine ganze Gesellschaft zum Ausdruck kommt, die ihn als Akteur zum totalen Menschen macht. Die Techniken des Körpers verlängern dann ihrerseits die Überlegung Mauss' zur Magie: Die Gesellschaft entsteht bereits ab rudimentären praktischen Techniken und sie kommt in ihrer Vielfalt bereits ab der Gestik und den Bewegungen der Akteure zum Ausdruck, die die Formen der Organisation ihrer Gesellschaft widerspiegeln.

2.3 Schlusswort. Kollektive Gewohnheiten und kollektive Repräsentationen

Aus der Unterscheidung zwischen Recht und Religion einerseits, zwischen Magie und Religion andererseits, und aus der Hervorhebung der konkreten Bedingungen der Wandlung der magischen Praktiken, die in die Entwicklung von Wissenschaft und Technik münden, gewinnt Mauss die Überzeugung, dass der Wandel von den alten zu modernen Gesellschaften nicht nur von der Kraft kollektiver Repräsentationen abhängt, sondern ebenfalls von der Macht konkreter kollektiver Gewohnheiten. Damit zieht Mauss die Schlussfolgerungen seiner Distanz zu Durkheims soziologischen Programm. Die „kollektiven Gewohnheiten", die Mauss und Fauconnet „zum eigentlichen Gegenstand der Soziologie" machen, sind „durch die Tradition geweihte und dem Einzelnen von der Gesellschaft auferlegte Handlungs- oder Denkweisen", von denen einige „bewusst" und andere „unbewusst" sind (Mauss und Fauconnet 1969, 146 ff.). Der Einzelakteur produziert diese kollektiven Gewohnheiten nicht selbst, „da er sie von draußen erhält" (ebd., 149), sondern er eignet sie sich in der Erziehung und der Sozialisation an. Es sind „Verhaltensmodelle", die Mauss und Fauconnet mit dem Sozialen als „die Gesamtheit der Handlungs- und Denkweisen, die das Individuum vorfindet und deren Übermittlung im Allgemeinen durch die Erziehung erfolgt", gleichsetzen (ebd., 150). Die kollektiven Gewohnheiten stehen im engen Zusammenhang zu Durkheims Begriff der kollektiven Repräsentationen, die Mauss und Fauconnet als „intimer Hintergrund des sozialen Lebens" bezeichnen (ebd., 160). Jedoch besteht Mauss auf eine Differenz zum Programm Durkheims.

Diese Differenz unterstreicht und konkretisiert Mauss in seiner Schrift *Rapports réels et pratiques de la psychologie et de la sociologie* (1924): „In der Gesellschaft gibt es noch anderes als Kollektivvorstellungen, so wichtig oder dominierend diese auch sein mögen" (Mauss 2010b, 151). Mauss hebt hervor, dass die Gesellschaft nicht nur aus kollektiven Repräsentationen, sondern auch aus konkreten kollektiven Tatsachen, aus Menschen, Gruppen und Praktiken bestehe, die die kollektiven Gewohnheiten widerspiegeln (ebd., 155 f.). Auch wenn Mauss behauptet, dass die kollektiven Repräsentationen einer der wichtigsten Gegenstände der Soziologie seien, sollten sie Mauss zufolge dennoch nicht über die kollektiven Gewohnheiten gesetzt werden, weil, wie die Magie mit ihrer Tendenz zum Konkreten zeigt, diese kollektiven Gewohnheiten nicht nur Ideen und Repräsentationen, sondern auch „Vernunft, Persönlichkeit, Wahl oder Freiheitswille, praktische Gewohnheit, mentaler Habitus und Charakter" ausbilden sowie die „Veränderung dieser Gewohnheiten" mitenthalten (ibid., 153). Deshalb ist es nach Mauss unvermeidlich einzusehen, dass diese kollektiven Gewohnheiten mindestens ebenso sehr sowohl zur Bildung von kollektiven Repräsentationen beitragen als auch an der Entwicklung individueller Eigenschaften wie Vernunft, Persönlichkeit und Wille wesentlich Anteil haben. Selbst wenn Mauss damit nicht sagt, dass die kollektiven Repräsentationen den kollektiven Gewohnheiten unterworfen seien, legt er nichtsdestotrotz nahe, dass sie eine vergleichbare Rolle für die Bestimmung der Entwicklung der Gesellschaft spielen, auch wenn kollektive Gewohnheiten wie kollektive Repräsentationen das individuelle und gesellschaftliche Leben durch und durch bestimmen. In dieser Hinsicht entfernt sich Mauss vom Determinismus Durkheims, da Mauss als gegeben voraussetzt, dass die Wirkung der kollektiven Gewohnheiten wie der kollektiven Repräsentationen zwar begrenzt ist, diese Grenzen jedoch nicht abstrakt sind, sondern sich vielmehr aus dem alltäglichen Leben der Akteure und Gruppen einer Gesellschaft ergeben. Diese Schlussfolgerung zeigt, inwiefern Mauss seine Soziologie auf Basis der Untersuchung des Verhältnisses von Religion und Recht einerseits und von Religion und Magie andererseits entwirft. Diese Bereiche koexistieren zwar, aber eine solche Koexistenz bedeutet nicht, dass das Recht und die Magie – und im Fall der Magie, dass die Wissenschaft und die Techniken, zu denen die Spezialisierung der magischen Praxis führe – von der Religion bestimmt verbleiben, wie die Verselbstständigung des Rechts und der Magie gegenüber der Religion zeigen.

Es sollte eher davon ausgegangen werden, dass „aus dieser Natur der kollektiven Repräsentationen und Praktiken folgt, dass der Bereich ihrer Verbreitung, solange die Menschheit keine einzige Gesellschaft bildet, notwendigerweise endlich und relativ festgelegt ist. Denn sie [die kollektiven Repräsentationen und Praktiken; CP und CR] wie die Produkte, die sie verwirklichen, können nur bis dahin reisen, wohin man sie tragen kann und will" (Mauss 1974, 471).

Diese Aufmerksamkeit bezüglich der Komplexität des Konkreten, die ihren Ausdruck in Mauss' Begriff der totalen sozialen Tatsachen findet, zeichnet dem Determinismus Durkheims seine innere Grenze auf: Die Wirkung von kollektiven Repräsentationen und kollektiven Gewohnheiten, die Art und Weise, wie sie das individuelle und gesellschaftliche Leben bestimmen, hängt vom praktischen Leben der Akteure und Gruppen in einer Gesellschaft selbst ab, das zur Einschränkung der Bestimmung von kollektiven Repräsentationen und kollektiven Gewohnheiten beiträgt. Der Grund dafür ist, dass dieses praktische Leben nicht vordefiniert ist und deshalb relativ unbestimmt bleibt, was die Reflexion der Akteure und der Gruppen über ihr gesellschaftliches Leben und über die Entwicklung ihrer Gesellschaft fördert und in der Folge maßgeblich dazu beiträgt, dass die Akteure und Gruppen solche Repräsentationen und Gewohnheiten nicht blindlinks übernehmen, sondern sie gleichsam mehr oder weniger wie stets und ständig infrage stellen. In der thematischen Vertiefung der Verhältnisse von Religion, Recht und Magie findet Mauss seine Leitfragestellung, die mehr als Durkheims Frage nach der Wandlung und Bewahrung der sozialen Ordnung Mauss' Überlegung zu den alten und modernen Gesellschaften strukturiert. Es ist die Frage des komplexen Verhältnisses zwischen den Akteuren und ihrer Gesellschaft, auf das die religiösen Riten, die Mauss analysiert, hinweisen und die, wie so viele mehr oder weniger formalisierte Medien der Kommunikation, zwischen Menschen auftauchen sowie in der Form von Tauschpraktiken stattfinden.

Literatur

Durkheim, E. 1975a. „Cours sur les origines de la vie religieuse." In E. Durkheim, *Textes II. Religion, morale, anomie,* hrsg. v. V. Karady, 65–122. Paris: Minuit.
Durkheim, E. 1975b. „Deux lettres sur l'influence allemande dans la sociologie française. Réponse à Simon Deploige (8.11.1907)." In E. Durkheim, *Textes I. Éléments d'une théorie sociale,* hrsg. v. V. Karady, 401–5. Paris: Minuit.
Durkheim, E. 1994. *Die elementaren Formen des religiösen Lebens.* Frankfurt am Main: Suhrkamp.
Durkheim, E. 1998. *Lettres à Marcel Mauss.* Paris: Presses Universitaires de France.

Durkheim, E. 1999. *Physik der Sitten und des Rechts. Vorlesungen zur Soziologie der Moral.* Frankfurt am Main: Suhrkamp.

Fournier, M. 2007. *Émile Durkheim 1858-1917.* Paris: Fayard.

Gane, M. 1984. „Institutional Socialism and the Sociological Critique of Communism (Introduction to Durkheim and Mauss)." *Economy and Society* 13: 304–30.

Mauss, M. 1947. *Manuel d'ethnographie.* Paris: Payot.

Mauss, M. 1974. „Les civilisations. Éléments et formes (1929)." In M. Mauss, *Oeuvres 2. Représentations collectives et diversité des civilisations,* hrsg. v. V. Karady, 456–79. Paris: Minuit.

Mauss, M. 2010a. „Die Techniken des Körpers (1934)" In M. Mauss, *Soziologie und Anthropologie,* Bd. 2, 197–220. Wiesbaden: VS Verlag.

Mauss, M. 2010b. „Wirkliche und praktische Beziehungen zwischen Psychologie und Soziologie (1924)" In M. Mauss, *Soziologie und Anthropologie,* Bd. 2, 145–173. Wiesbaden: VS Verlag.

Mauss, M. 2012. „Die Religion und die Ursprünge des Strafrechts nach einem kürzlich erschienenen Buch (1896)." In M. Mauss, *Schriften zur Religionssoziologie,* 36–90. Berlin: Suhrkamp.

Mauss, M., und P. Fauconnet. 1969. „Sociologie (1901)." In M. Mauss, *Oeuvres 3. Cohésion sociale et division de la sociologie,* hrsg. v. V. Karady, 139–77. Paris: Minuit.

Mauss, M., und H. Hubert 1929. *Mélanges d'histoire des religions (1909).* Paris: Alcan.

Mauss, M., und H. Hubert 2014. „Der Ursprung der magischen Kräfte in den australischen Gesellschaften. Analytisch-kritische Studie ethnographischer Dokumente (1904)." *Trivium* 17, https://doi.org/10.4000/trivium.4917.

Mauss, M., und H. Hubert 2012a. „Entwurf einer allgemeinen Theorie der Magie (1904)." In M. Mauss, *Schriften zur Religionssoziologie,* 243–402. Berlin: Suhrkamp.

Mauss, M., und H. Hubert 2012b. „Essay über die Natur und die Funktion des Opfers (1899)." In M. Mauss, *Schriften zur Religionssoziologie,* 97–216. Berlin: Suhrkamp.

Paoletti, G. 2012. „Les deux tournants, ou la religion dans l'œuvre de Durkheim avant les *Formes élémentaires*", *L'Année sociologique* 62 (2): 289–311.

Pickering, W. 1984. *Durkheim's Sociology of Religion.* London: Routledge.

Die Gabe als „Felsen" der sozialen Praxis 3

In seinen Untersuchungen der religiösen Phänomene, die Mauss mit der Frage nach dem Ursprung des Strafrechts und ihrer Unterscheidung von magischen Phänomenen verbindet, kommt er zu dem Schluss, dass religiöse Phänomene die entscheidende Funktion haben, die Kommunikation zwischen Gesellschaft, Göttern und Natur zu leisten. Die Religion bewahrt die Kommunikation zwischen der gesellschaftlichen Welt und der symbolischen Welt der Götter. Das Recht gewährleistet die Kommunikation zwischen den Einzelakteuren und ihrer Gesellschaft und die Magie trägt zur Erhaltung der Kommunikation zwischen der gesellschaftlichen Welt und der Welt der natürlichen Phänomene und Kräfte bei. Diese Kommunikation wird durch individuelle Praktiken und kollektive Gewohnheiten unterstützt, die einen bedeutenden Einfluss auf die Lebensführung der Einzelakteure ausüben und damit mindestens ebenso wichtig sind wie kollektive Repräsentationen, denen sein Onkel Émile Durkheim eine besondere Bedeutung beimisst (s. Kap. 2). Diese Kommunikation zwischen Gesellschaft, Göttern und Natur bildet die Grundlage für das Verhältnis der Individuen zu ihrer Gesellschaft, das nicht vollständig frei entwickelt werden kann, auch wenn es nicht vollständig unter Zwang entwickelt werden kann, und das nicht vollständig eigennützig ist, selbst wenn es nicht vollständig uneigennützig ist. Die Gabe ist die Tauschpraxis, die ein solches Verhältnis im Austausch von Menschen, Gegenständen, Symbolen, Zeichen, Göttern usw. zum konkreten Ausdruck bringt, was Mauss in seinem *Essai sur le don* (1925) untersucht. Bei der Gabe handelt es sich um eine Tauschpraxis zwischen Freiheit und Verpflichtung, Eigennützigkeit und Uneigennützigkeit. Sie verbindet nicht nur die Akteure innerhalb einer Gesellschaft oder verschiedene Gesellschaften miteinander, sondern sie hierarchisiert sie auf dynamische Art und Weise entsprechend der drei Positionen vom Geben, Empfangen und Erwidern der Gabe. Während also Mauss' Untersuchungen der religiösen Phänomene die Bedeutung des Verhältnisses von Gesellschaft, Göttern und Natur und im Anschluss daran zwischen Individuum und Gesellschaft unterstreicht, verallgemeinert der *Essai sur le don* die Ergebnisse dieser Untersuchungen und hebt sie gleichsam auf eine höhere Ebene. So zeigt der *Essai*, dass ein solches Verhältnis einerseits Folgen für die Grenzziehung zwischen Gruppen von Akteuren und andererseits Konsequenzen für die Verteilung der Akteure auf Positionen in ihrer Gesellschaft zeitigt. In den Gabepraktiken geht es somit gleichzeitig um das Selbst, seine Gruppe und seine Gesellschaft. Deshalb stellt die Gabe grundsätzlich sowohl eine individuelle als auch eine kollektive Herausforderung dar.

3.1 Die Gabe als individuelle und kollektive Herausforderung

Die Gabepraktiken werden nicht von unschuldigen Menschen jenseits ihres gesellschaftlichen Lebenszusammenhanges getätigt, sondern von Akteuren und Kollektiven, die sich mittels dieser Praxis gegenseitig verpflichten und ihre Interessen verteidigen. Diesen Sachverhalt hat Mauss nicht erst in der Schrift zur Gabe entdeckt, sondern bereits in dem mit Henri Hubert gemeinsam verfassten *Essai sur la nature et la fonction du sacrifice* (1899) thematisiert. Das Opfer ist, wie die Autoren betonen, sowohl „ein nützlicher Akt" als auch „eine Verpflichtung" (Mauss und Hubert 2012, 213). Der Profane hat „Interesse daran", sich dem Sakralen anzunähern, „da sich dort die Voraussetzungen seiner Existenz befinden" (ebd., 212). Mit der Ausnahme des Götteropfers, das der einzige Fall ist, „bei dem jede egoistische Berechnung fehlt" (ebd., 214), schließen die Opferpraktiken das egoistische Kalkül nicht aus, denn es geht um das eigene Selbst, um die eigene Gruppe und um die Bewahrung der eigenen Identität sowie der gesellschaftlichen Regeln und Normen. Diese Verteidigung der individuellen und der gesellschaftlichen Interessen macht sich insbesondere im Verhalten des Opfernden im Opferritus bemerkbar: „Wenn der Opfernde etwas von sich gibt, so gibt er sich doch nicht selbst hin; er hält sich vorsichtig zurück" (ebd., 213). Die Gabepraktiken zeichnen sich durch dieselben Grundmechanismen aus, auch wenn Mauss zu ihrer Beschreibung eine Formel aufgreift, die den Eindruck vermitteln könnte, dass sie seiner Bestimmung des Opfers entgegenläuft: „Wenn man die Dinge gibt und zurückgibt, so eben deshalb, weil man *sich* ‚Ehrfurchtsbezeigungen' und ‚Höflichkeiten' erweist und sie erwidert. Aber außerdem gibt

3.1 Die Gabe als individuelle und kollektive ...

man beim Geben *sich* selbst, und zwar darum, weil man sich selbst – sich und seine Besitztümer – den anderen ‚schuldet'" (Mauss 2010, 93). Trotz dieser leicht verwirrenden Formulierung betont Mauss im *Essai sur le don,* dass die Gabe ebenfalls nicht frei von den Gefahren ist, die das Opfer umgeben. Wenn in der Gabe etwas von sich selbst, „etwas von seinem geistigen Wesen, von seiner Seele" (ebd., 27) gegeben wird, ist dieses „etwas" deshalb wichtig, weil es signalisiert, dass der Geber nicht alles von sich selbst gibt. Dieses „etwas" ist das, was Mauss mit dem *hau,* dem Geist des Gebers im gegebenen Gegenstand bezeichnet und das seine Zweideutigkeit und seine mögliche Gefährlichkeit als Gegenstand ausmacht, der zwar gegeben wird, gleichzeitig jedoch immer mit seinem Besitzer verbunden bleibt: „es [dieses etwas und im weiteren Sinne Dinge und Gegenstände; CP und CR] aufzubewahren wäre gefährlich und tödlich, und zwar nicht allein deshalb, weil es unerlaubt ist, sondern weil diese Sache – die nicht nur moralisch, sondern auch physisch und geistig von der anderen Person kommt –, weil dieses Wesen, diese Nahrung, diese beweglichen oder unbeweglichen Güter, diese Riten oder Kommunionen magische und religiöse Macht über den Empfänger haben" (ebd.). Zu dieser Erklärung kommen Mauss und Hubert bereits in ihrem Essay über das Opfer, wenn sie von den sakralen Gegenständen sprechen. Einen sakralen Gegenstand zu besitzen, ist sowohl begehrenswert als auch gefährlich, ebenso wie der Kontakt mit den Dingen und Wesen, die mit diesem sakralen Gegenstand verbunden sind, gefährlich ist, weshalb Rituale entwickelt werden müssen, die es erlauben, sich solche Gegenstände ohne Gefahr anzueignen. Doch warum wollen die Akteure sich solche gefährlichen Gegenstände überhaupt aneignen? Wie die Opferpraktiken zeigen, wird bei ihrer Aneignung das Sakrale bzw. die Sakralität dieser Gegenstände auf die Akteure übertragen; ein Aspekt, den Mauss in der Gabe des *vaygu'a* bei den Bevölkerungen der Trobriand-Inseln erneut vorfindet: „Aber man kann nicht umhin, ihre erhabene und sakrale Natur zu erkennen. Sie zu besitzen, ‚ist erheiternd, tröstlich und besänftigend an sich'. Ihre Besitzer befühlen und betrachten sie stundenlang. Durch bloße Berührung werden ihre Kräfte übertragen" (ebd., 46.). In der Gabe ist also das Eigentum in Form des angeeigneten Gegenstandes nicht weniger ambivalent als die in den Opferpraktiken aufgeopferten Gegenstände. Diese Gegenstände werden angeeignet, weil sie einerseits Macht bringen und andererseits die Position des Akteurs im Austausch mit anderen Akteuren stärken. Jedoch haben die Gabepraktiken nicht zur Folge, dass sich die Akteure und ihre Gruppen von anderen Akteuren und Gruppen egoistisch zum Zweck der Bewahrung ihrer Macht und Stärke entfernen. Diese Praktiken führen die Akteure vielmehr dazu, sich gegenüber anderen Akteuren und Gruppen zu behaupten und sich in der Öffentlichkeit als kühne Austauschpartner zu zeigen, um den Austausch mit anderen Akteuren und Gruppen weiterhin zu fördern. Diese Selbstbehauptung der Akteure im Gabentausch gewährleistet die Selbsterhaltung der Akteure und Gruppen im Fluss des Tausches mit anderen Akteuren und Gruppen. In der Gabe werden Tauschmöglichkeiten maximiert, die von relationalem Wert sind und die zur Stärkung der kollektiven Praktiken und der daraus entstandenen individuellen und sozialen Identitäten beitragen. Der Gabentausch ist deshalb sowohl ein Treiber der Entfaltung sozialer Tätigkeiten und Tätigkeitsbereiche als auch ein Faktor der Optimierung und Bestätigung von Identifizierungsprozessen und von Identitäten. Diese Bestätigung stellt gleichzeitig die Bestätigung der sozialen Position der Akteure und Gruppen bzw. des Platzes dar, den sie in der – formalen – Relation zu anderen Akteuren und zu anderen Gruppen beziehen.

3.1.1 Die drei Positionen der Gabe

Die drei Operationen des Gabentausches heben drei Positionen hervor, die im Gabentausch bezogen werden können, und die Mauss mit dem Geben, Empfangen und Erwidern bezeichnet, mit denen wiederum entsprechende „Rechte" und „Pflichten" verbunden sind (ebd., 29). Bei den Hausa in Libyen wird den Armen und den Kindern nicht nur gegeben, um die Verstorbenen zu erfreuen, sondern auch, um sie „an dem Übermaß an Glück und Reichtum einiger Menschen [zu rächen], die sich seiner entledigen müssen: es ist die alte Gabenmoral, die zum Gerechtigkeitsprinzip geworden ist" (ebd., 36). Bei einer solchen Verteilung von Gaben geht es allerdings nicht nur um ein Gerechtigkeitsprinzip, das in Form von Almosen zutage tritt. Es geht auch um die öffentliche Verdeutlichung unterschiedlicher sozialer Statusdifferenzen, die sich in Vermögen, Geschlecht und Generation niederschlagen, im Gabentausch zu unverwechselbaren Merkmalen werden und mit spezifischen Gegenständen verbunden sind. Die symbolische Verbindung zwischen *„mwali"* (Armbänder) und *„soulava"* (Halsketten) im Trobriandschen *kula*, die Bronisław Malinowski in seiner Monographie *Argonauts of the Western Pacific* (1922) beschreibt, bezeichnet die Ehe zwischen Frauen und Männern (Mauss 2010, 49). Die gegebenen Gegenstände lenken die Aufmerksamkeit des Gebers auf den sozialen Rang des Empfängers. Im *kula* kann dieser Gabentausch die Form eines Wettbewerbs annehmen, bei dem die Protagonisten miteinander konkurrieren, sich gegenseitig herausfordern und ihr Vermögen zur Schau stellen, um ihre Macht zu inszenieren und dabei zu versuchen, den Austausch zu vermehren, damit nicht nur die Anzahl der getauschten Gegenstände, sondern auch der Wert dieser Gegenstände steigt. Bei diesen Gabewettbewerben wird die gesamte soziale Hierarchie der Gruppen offengelegt,

3.1 Die Gabe als individuelle und kollektive ... 55

wobei der gegebene Gegenstand als Vermittler dieser Enthüllungsoperation fungiert. So werden etwa bei den Kwakiutl alle Gegenstände im Haus der Familie nach Position der Akteure in der Familie personalisiert. Sie tragen Namen, die mit „de[n] veränderlichen Titel[n] der adligen Männer und Frauen und ihrer Privilegien" verbunden sind (ebd., 84, Anm. 206). In Melanesien werden die Gaben, die innerhalb von Bruderschaften von Männern und Frauen ausgetauscht werden, für den Erwerb von „Titel[n] und [für den; CP und CR] Aufstieg innerhalb dieser Bruderschaften" verwendet (ebd., 62). Dort entspricht jeder Titel einem bestimmten Gegenstand. Bei den Kwakiutl ist es die Zauberkiste, die bei Initiationsriten oder Hochzeiten überreicht wird und „den Empfänger in ein ‚übernatürliches' Wesen – einen Schamanen, Magier, Adligen, Inhaber von Tänzen oder Sitzen in einer Bruderschaft" – verwandelt (ebd., 83 f., Anm. 205).

Der Gabentausch spiegelt also eine ganze soziale Organisation wider, und obwohl Mauss einerseits immer wieder auf die Vermischungen hinweist, die durch Gaben entstehen und die zu Verwebungen von sozialen Gruppen, Geschlechtern oder sogar Stämmen führen, zeigt er andererseits, dass soziale Unterscheidungen durch den Gabentausch verschärft werden. Die Praxis des Gabentausches bringt zwar Akteure mit unterschiedlichen sozialen Positionen zusammen, aber sie zielt nicht darauf ab, diese positionalen Unterschiede zu beseitigen. Im Gegenteil tragen die Gaben zur Selbstbehauptung der Akteure und der sozialen Gruppen, zur Hervorhebung ihrer sozialen Position und zur Schärfung der vielfältigen Operationen bei, die notwendigerweise durchgeführt werden müssen, um diese Gaben so zu tätigen, wie sie getätigt werden müssen. Weil sie so vielfältig sind, muss bei den Gabepraktiken alles „stets aufs genaueste und gewissenhafteste [...] betrachtet werden [...], damit bei der Art des Gebens und Nehmens kein Fehler auftreten kann. Alles beruht auf Etikette; es ist nicht wie auf einem Markt, wo man objektiv, zu einem bestimmten Preis, eine Sache nimmt. Nichts bleibt hier dem Zufall überlassen" (ebd., 115 f.). Auch wenn Mauss diese Sorgfalt der Akteure, die in den Gabentausch involviert sind, vor allem in Bezug auf das Geben beschreibt, trifft diese Beschreibung gleichermaßen auf das Empfangen und Erwidern der Gabe zu, wenn auch in unterschiedlicher Art und Weise, da Geben, Empfangen und Erwidern im Gabentausch nicht auf derselben Ebene stehen, sondern hierarchisch organisiert sind und entsprechend eine Hierarchie von Positionen im Gabentausch darstellen. Diese Hierarchie erklärt sich nicht durch die zeitliche Entwicklung des Gabentausches, d. h. durch den Umstand, dass der Gabentausch mit dem Geben anfängt, zum Empfangen übergeht und schließlich mit dem Erwidern abgeschlossen wird. Die zeitliche Reihung von Geben, Empfangen und Erwidern bezeichnet den Übergang von der Stärkung der sozialen Position eines Akteurs oder einer Gruppe zur Einordnung dieser

Position in Bezug auf die Position der anderen Akteure und Gruppen im Gabentausch. Mit anderen Worten, die Entwicklung des Gabentausches durch diese drei Positionen bildet den Übergang vom Verhältnis zwischen diesen Akteuren oder Gruppen im Gabentausch zu den Tätigkeiten aus, die aus diesem Gabentausch entstehen und sie sowie potenziell andere Akteure und Gruppen in der Gesellschaft mobilisieren. Die Zeit, die zwischen den Gaben vergeht, wird durch die Tätigkeiten, die diese Akteure weiter in Verbindung miteinander bringen, abgebildet und spürbar gemacht, während die in Verbindung stehenden Akteure von den zu diesem Zweck verwendeten Gegenständen verkörpert werden. Die Eröffnungen und Schließungen des Gabentausches beschreiben seine „Zyklen" (vgl. ebd., 52). Im Folgenden vertiefen wir die Bedeutung der drei Positionen des Gebens, Empfangens und Erwiderns.

3.1.2 Geben

Das Geben zeichnet sich durch die Einbeziehung möglichst vieler Akteure aus. Die „Mobilisierung" des Kollektivs ist ein typisches Merkmal des Gebens (ebd., 15). Der potlatch in Nordamerika oder in seiner abgeschwächten Form des melanesischen kula – der „nichts anderes als das System des Geschenkaustauschs" sei, von dem sich der potlatch „einzig durch die Heftigkeit, die Übertreibung und den Antagonismus, den er hervorruft" unterscheide – stellen deutliche Beispiele einer solchen Mobilisierung des Kollektivs dar (ebd., 62). Der potlatch wird von einem Häuptling, sei es ein Familien- oder ein Clanchef, gegeben, und die Voraussetzung für das Geben des potlatchs ist, dass der Häuptling nicht nur seine Familie, sondern die größtmögliche Anzahl von Akteuren um sich herum schart. Der melanesische kula liefert ein gutes Beispiel einer solchen Praxis. Die Dörfer und Clans versammeln sich um ihren Chef. Gemeinsam bereiten sie maritime Expeditionen vor, um Dörfern und Clans auf anderen Inseln Gaben zu überbringen. Es sind stammesübergreifende Phänomene, die „ja selbst auf internationaler Ebene bestimmt werden" (ebd., 17), wie die Beispiele des nordamerikanischen potlatch zeigen. Sie kommen aber auch dorf- oder clanintern vor. Beim potlatch der Tlingit treten „Clans, Phratrien und verschwägerte Familien [...] gegeneinander auf, und im allgemeinen scheinen die Verteilungen in dem Maße eine Gruppenangelegenheit zu sein, als die Persönlichkeit des Häuptlings sich nicht zur Geltung bringt" (ebd., 54 f.). Und weiter heißt es: „Der Häuptling identifiziert sich mit seinem Clan und dieser mit jenem" (ebd., 58). In Britisch-Kolumbien laden die Familien Freunde und Nachbarn zum potlatch ein, denen sie ihr gesamtes Vermögen geben – „‚all the accumulated results of long years of work'" (ebd., 63 f.,

Anm. 122; Mauss zitiert hier Franz Boas). Diese verschwenderische Ausgabe, die bis zur Zerstörung des von diesen Gesellschaften im potlatch angehäuften Vermögens gehen kann, symbolisiert das Prestige, das adelige Wesensmerkmal der Häuptlinge und ihrer Clans: „Nirgendwo sonst hängt das individuelle Prestige eines Häuptlings und das Prestige seines Clans enger mit der Ausgabe und der Pünktlichkeit zusammen, mit der die angenommenen Gaben mit hohen Zinsen zurückgezahlt werden, so daß der Gläubiger zum Schuldner wird. Verbrauch und Zerstörung sind so gut wie unbegrenzt. Bei einigen Potlatsch ist man gezwungen, alles auszugeben, was man besitzt; man darf nichts zurückbehalten […] Der politische Status der Individuen in den Bruderschaften und Clans sowie überhaupt jede Art von Rängen wird durch den ‚Eigentumskrieg' erworben" (ebd., 65). Deshalb wird der potlatch häufig von verschiedenen Ritualen begleitet – der Geber wird zum Schafott gebracht, der Klettermast wird aufgezogen –, die metaphorisch auf eine doppelte Bewegung des Gebers bzw. der Geber verweisen, der/die durch das Geben des potlatch seine/ihre soziale Position den Empfängern des potlatch zeigt/zeigen und ihnen dadurch seinen/ihren Einfluss auf sie deutlich macht/machen (ebd., 68, Anm. 138). Nach dem Geben kommt das Empfangen.

3.1.3 Empfangen

In der Position des Empfangens stellt sich die Frage der weiteren Durchführung des Gabentausches und daher der Verantwortung für den Gabentausch im Dorf oder im Clan. Gleichzeitig bedeutet diese Position für den Geber, der eine Gabe erbracht hat und sich jetzt in der Position befindet, eine Gabe zu empfangen, dass er „vom Zorn des Gebers abhängig" ist (ebd., 115). Er wird zu dessen „‚Partner-Kandidat'", wie die Melanesier sagen (ebd., 47). Dieser Partnerstatus ist variabel, und diese Variabilität spiegelt sich sowohl in der Vielfalt der Gegenstände, die der Partner-Kandidat erhält, als auch in seiner Haltung zu diesen Gaben wider. Daher ist es wichtig, diesen Partner zu „umschmeicheln" und ihm mehrere Gaben darzubieten, die ihm zeigen, mit wem er zu tun hat (ebd., 51). Die Entgegennahme ist gleichermaßen ein Test, der belegt, ob der Empfänger fähig ist, den Gabentausch auf weitere Akteure im Dorf oder im Clan bzw. auf das Kollektiv auszuweiten. Ist der Partner „erst zur Hälfte Partner" oder ist er ein Partner, der sich wirklich verpflichtet, die Gabe nicht nur anzunehmen, sondern sie auch und vor allem zu erwidern? Wenn der Empfänger die Gabe ablehnt – etwa bei den Kwakiutl, bei denen eine „in der Hierarchie anerkannte Stellung oder ein Sieg bei früheren Potlatsch es gestattete, die Einladung oder, falls man anwesend ist, auch die Gabe auszuschlagen" (ebd., 76) –, dann verliert er unweigerlich an „Würde" (ebd., 77). Auch wenn solche Ablehnungen hin und wieder vorkommen, betreffen sie nur bestimmte Akteurkategorien, nämlich solche, die im Allgemeinen einen hohen sozialen Status haben. In der Regel werden Gaben jedoch nicht abgelehnt, denn eine solche Verweigerung würde den Empfänger isolieren und neben dem Gabentausch „den Kreis des Rechts, der Verdienste, der Nahrungsmittel, die sich unaufhörlich gegenseitig erzeugen", unterbrechen (ebd., 112). Deshalb gibt es in der Position des Empfangens für den Empfänger und den/die ihm gegenüberstehende(n) Geber eine doppelte Herausforderung. Es wird geprüft, ob der Empfänger seine Position halten kann, wenn er am Gabentausch teilnimmt, und ob er fähig ist, in diesem Tausch zu bleiben. Von dem Empfänger wird also erwartet, der Gabe zu widerstehen und dabei seine Identität und seine Würde unter Beweis zu stellen. Gleichzeitig wird die Fähigkeit des Gebers infrage gestellt, Gaben zu tätigen, weshalb der Geber Strategien einsetzt, um zu gewährleisten, dass der Empfänger die Gabe tatsächlich annimmt. So steht beispielsweise der Empfänger aus Trobriand dem gegebenen Gegenstand misstrauisch gegenüber und nimmt ihn zunächst nicht an. Der Gegenstand wird dem Empfänger deshalb vor die Füße geworfen, um ihn zu zwingen, den Gegenstand anzunehmen (ebd., 120). Die oben erwähnten Ranghöchsten des Kwakiutl-Stammes, die es sich erlauben dürfen, eine Gabe abzulehnen, verpflichten sich dadurch, noch mehr und üppigere Gaben zu erwidern, um ihre Position in der sozialen Hierarchie der Gesellschaft zu bewahren. Je mehr die Empfänger versuchen, aus der unbequemen Position des Empfangens herauszukommen, desto mehr werden sie von der Gesellschaft als Ganzes wieder in diese Position versetzt. Sie können ihr nicht wirklich entkommen, sie müssen ihre Position halten, weil sie ansonsten von der sozialen Gruppe bestraft werden, und solche Strafen reichen von der Demütigung über die Verbannung bis hin zum Tod des Widersachers (ebd., 73 f., Anm. 163). Sowohl für den Empfänger als auch für den Geber ist deshalb das Empfangen der Höhepunkt im Zyklus des Gabentausches. Mit dem Empfangen werden die jeweiligen Positionen im Gabentausch bestätigt, und gleichzeitig wird der Punkt erreicht, an dem der Gabentausch fortgesetzt oder unterbrochen wird. Abgesehen von der sozialen Identität der Akteure, die durch ihre Position im Gabentausch gekennzeichnet ist und ihre Position in der gesellschaftlichen Hierarchie widerspiegelt, steht das Prinzip der Identifikation selbst auf dem Spiel. Denn durch die Ablehnung der Gabe weigert sich der Empfänger nicht nur, sich dem Gabentausch zu stellen; er verwehrt auch anderen die Möglichkeit, zu zeigen, wer sie sind, wie sie ihre Ehre verteidigen, welche Macht sie haben und zu welchen Opfern sie fähig sind. Das Erwidern der Gabe entspannt diese Situation.

3.1.4 Erwidern

Nach Mauss ist der „wichtigste dieser geistigen Mechanismen [des Gabentausches; CP und CR] […] ganz offensichtlich jener, der dazu zwingt, das empfangene Geschenk zu erwidern" (ebd., 18 f.). Das Erwidern der Gabe ist zeitlich gesehen nicht nur der letzte Akt im Zyklus des Gabentausches. Es ist auch der Moment der Anerkennung – die Anerkennung der Position des Gebers seitens des Empfängers einerseits, die Anerkennung der Position des Empfängers seitens des Gebers andererseits, und schließlich ist es die Anerkennung des Gabentausches selbst, der sich nicht nur zwischen ihnen entwickelt, sondern auch auf das Kollektiv, auf ihre Familie, auf ihren Clan und auf ihr Dorf übergreift. Diese Einschreibung der Gaben im Kollektiv bzw. in der ganzen Gesellschaft verpflichtet dieses Kollektivs zu neuen Gaben und neuen Zyklen des Gabentausches. Was zu dieser Einschreibung beiträgt, ist also weniger das Kollektiv an sich, das ab dem Moment des Gebens miteinbezogen wird, als vielmehr die materiellen und immateriellen Gegenstände, die gegeben werden und anschließend erwidert werden müssen. Beim Erwidern ist der Gegenstand deshalb wichtig, weil er den Beweis dafür liefert, dass ein Gabentausch stattgefunden hat. Der Gegenstand repräsentiert den Gabentausch, was Mauss mit der „Gewißheit" gleichsetzt, dass die Gabe tatsächlich erwidert wurde (ebd., 63). Was und auf welche Weise im Gabentausch erwidert wird, bestimmt den Erwerb oder den Verlust seines Ranges, seiner sozialen Position sowie den Abschluss und die Eröffnung eines neuen Gabenzyklus. Mauss' Argument, das er in Unterstützung seines Ansatzes zum Zwangscharakter der Erwiderung der Gabe heranzieht, bezieht sich auf den Begriff des *hau,* auf den Geist des Gebers im gegebenen Gegenstand, der seine Rückkehr zum Geber verlangt und den Empfänger diskreditiert, wenn dieser den Gegenstand nicht erwidert. Im Vergleich zum *mana* – der Kraft des Gabentausches – ist das *hau* die „Kraft der Dinge" (ebd., 80), die ihre Rückgabe an den Geber fordern, während sie gleichzeitig das „Zeichen und Pfand des Reichtums, eine magisch-religiöse Garantie des Rangs und Überflusses", darstellen (ebd., 86). Aber das *hau* ist nicht alles. Es gibt weitere Elemente, die dazu beitragen, das Erwidern der Gaben zu fördern und zu motivieren. Eines dieser Elemente betrifft die Verhältnisse zwischen den Akteuren und besonders die Art und Weise, wie sich das Geben und das Erwidern gegenseitig herausfordern. In diesem Zusammenhang bedeutet das Erwidern für einen Akteur, dass er in der Regel mehr zurückgeben muss, als er erhalten hat. Dies setzt ihn einerseits unter Druck, auch wenn dieser Druck andererseits im Erwidern gegen den Geber umgedreht werden kann. Diese Umkehr der Asymmetrie zwischen dem Geber und dem Akteur, der die Gabe erwidern soll, äußert sich darin, dass der Akteur in der Position des Erwiderns die Gabe häufig „mit Zinsen" erwidert (ebd., 78), um „den Geber oder Tauschpartner zu erniedrigen, und nicht deshalb, um ihn für den Verlust zu entschädigen, der ihm aus dem ‚aufgeschobenen Verbrauch' erwächst" (ebd., 134). Den Geber zu erniedrigen, zielt darauf ab, ihn zu verpflichten, den Gabentausch fortzusetzen und damit eine Macht über ihn auszuüben, die sicherstellen soll, dass sich der ehemalige Geber dazu veranlasst, wenn nicht gar gezwungen sieht, die Position des Erwiderns zu beziehen. So wird ein Zyklus des Gabentausches abgeschlossen und ein neuer eröffnet. Ein anderes Element, das zur Gewährleistung des Erwiderns der Gabe beiträgt, verweist demgegenüber auf das Verhältnis zwischen Akteur und Gesellschaft. Dieses Element vergegenwärtigt sich nach Mauss schon in den demonstrativsten Formen der Zerstörung von Vermögen im *potlatch*, die darauf hinweisen, dass hinter dem, was im Gabentausch zirkuliert, Institutionen wie der Totenkult oder das Gottesopfer stehen. Im *kula* haben die Gegenstände „einen Namen, eine Persönlichkeit, eine Geschichte, ja selbst eine Legende, so daß manche Individuen sogar diese Namen annehmen. [...] man kann nicht umhin, ihre erhabene und sakrale Natur zu erkennen" (ebd., 46.). Es ist nicht möglich, sie unabhängig von den Kulten und Institutionen zu verwenden, mit denen diese Gegenstände verbunden sind, woraus Mauss schließt: „Den Lebenden geben heißt den Toten geben" (ebd., 69, Anm. 142). Diese Gegenstände stellen alle in unterschiedlichem Maße Vermittlungsinstanzen dar, die Institutionen verlängern und nicht nur den Rhythmus des Gabentausches, sondern auch die Umstellung bzw. die Zirkulation der Akteure von einer Position im Gabentausch zu einer anderen – vom Geben über das Empfangen hin zum Erwidern – bestimmen. Beim Erwidern der Gabe geht es deshalb nicht nur darum, die Gabe des Gebers auszugleichen. Es geht insbesondere darum, sich mit den gesellschaftlichen Institutionen in Verbindung zu setzen, mit denen ein Gegenstand assoziiert ist. Das Erwidern im Gabentausch zeigt besonders deutlich, dass die Gabe nicht nur zur Behauptung von persönlichen und sozialen Identitäten, sondern auch zur Positionierung von Akteuren in der Gesellschaft und daran anschließend zur Hierarchisierung der Gesellschaft beiträgt.

3.2 Klassifikation und Hierarchisierung der Gesellschaft

Die Hierarchisierung der sozialen Positionen durch den Gabentausch ergibt sich aus den Klassifizierungsoperationen, die aus den Gaben resultieren. Diesen Gedanken übernimmt Mauss aus seinem Aufsatz zu den primitiven Formen von Klassifikation, den er zusammen mit Émile Durkheim verfasst hat: „Jede

3.2 Klassifikation und Hierarchisierung ...

Klassifikation impliziert eine hierarchische Ordnung, für die wir weder in der äußeren Welt noch in unserem Bewußtsein ein Vorbild finden" (Durkheim und Mauss 1987, 176). Diese Ordnung schlägt sich in den Hierarchien nieder, die Durkheim und Mauss in den Kulten, in den Riten und in den damit verbundenen Institutionen finden, sowie in den Hierarchien der Gegenstände, die in diesen Riten und Kulten verwendet werden: „So kann sich ein Zauberer, der der Mallera-Phratrie angehört, bei seiner Kunst nur solcher Dinge bedienen, die gleichfalls Mallera sind" (ebd., 183). Die soziale Position der sozialen Gruppen in der Gesellschaft und der Akteure in diesen Gruppen kann deshalb von der Verwendung der Gegenstände und Riten abgeleitet werden, die im Gabentausch zirkulieren bzw. diesen begleiten. An den Gegenständen, die im Gabentausch zirkulieren, kann entsprechend erkannt werden, welche soziale Position die Akteure und Gruppen in diesem Gabentausch einnehmen. Oder anders formuliert, im Gabentausch zirkulieren neben den Gegenständen Klassifikationsmuster, die in der Gabe zur Anwendung kommen. Durkheim und Mauss haben am Beispiel der Ausdifferenzierung der sozialen Gruppen im Clan bereits angemerkt, dass die Verwendung von solchen Klassifikationsmustern durch den Gebrauch und den Austausch von Gegenständen nicht dazu führe, „das Handeln zu erleichtern, sondern [...] die Beziehungen zwischen den Wesenheiten begreifbar, intelligibel zu machen" (ebd., 249). Dieses Argument heben Durkheim und Mauss insbesondere gegen James Frazer hervor. Sie betonen, dass die Struktur des Austausches in einer Gesellschaft in Form einer Hierarchie von Gegenständen und der entsprechenden Institutionen zum Ausdruck kommt die wiederum die Struktur einer Gesellschaft widerspiegelt: „Es war durchaus nicht so, wie Frazer offenbar annimmt, daß nämlich die logischen Beziehungen zwischen den Dingen die Grundlage für die sozialen Beziehungen zwischen den Menschen gebildet hätten; in Wirklichkeit dienten die sozialen Beziehungen als Vorbild für die logischen. Frazer ist der Ansicht, die Menschen hätten sich nach dem Muster einer vorgängigen Klassifikation der Dinge in Klane aufgeteilt; in Wirklichkeit aber klassifizierten sie die Dinge, weil sie selbst in Klane aufgeteilt waren" (ebd., 250). Diese Schlussfolgerung arbeitet Mauss in seinem *Essai sur le don* weiter aus und in diesem Kontext untersucht er insbesondere die soziale Position der Akteure und Gruppen, die am Gabentausch teilnehmen.

Ein wichtiges Merkmal des Gabentausches ist das asymmetrische Verhältnis zwischen den an ihm beteiligten Akteuren und Gruppen. Diese Asymmetrie ist Voraussetzung für die Teilnahme am Tausch, was sich am Phänomen der Ehre verdeutlichen lässt, anhand derer sich vor allem im *potlatch* die Asymmetrie des Gabentausches in prägnanter Weise offenbart. Dies rührt daher, dass die Ehre eine Emotion bzw. ein Gefühl ist, das, wie Mauss in seinem Aufsatz *L'Expression obligatoire des sentiments* (1921) unterstreicht, gesellschaftlich bestimmt ist und verpflichtend im Gabentausch ausgedrückt werden muss, um die eigene Autorität als Tauschmensch des Gabentausches sichtbar zu machen. In den Gesellschaften, die Mauss analysiert, „ist der ‚point d'honneur' eine nicht minder kitzlige Sache als in unseren und wird durch Leistungen, Gastmähler, Privilegien und Riten ebenso befriedigt wie durch Geschenke" (Mauss 2010, 69). Die Ehre verwandelt „de[n] Gläubiger zum Schuldner [...] Alles gründet auf dem Prinzip des Antagonismus und der Rivalität" (ebd., 65). Aber die Ehre bezieht sich nicht nur auf die Autorität, sondern auch auf die Wette, die mit dem Verständnis des Kredits und des Reichtums verbunden ist (ebd., bes. 66, Anm. 131). Den Kredit hält Mauss für eine der besten Übersetzungen dessen, was die Ehre in australischen Gesellschaften bedeutet (ebd., 68 f.). Im *potlatch* wird deshalb meistens nicht versucht, dem herausgeforderten Partner zu zeigen, dass man ihm sozial gleich ist, sondern es wird ihm gezeigt, dass man ihm sozial nicht ungleich ist. Diese Nuance ist sehr wichtig. Im Gabentausch treffen sich meistens Akteure und Gruppen, die eine sozial ungleiche Position in der Gesellschaft beziehen, und die sich gleichzeitig gegenseitig beweisen wollen, dass sie nicht ungleich sind. Oder anders formuliert, im Gabentausch wird dem anderen insofern Kredit gegeben, als ihm zugestanden wird, dass er nicht ungleich ist. Es wird daran geglaubt, auch wenn es nicht stimmt. Nur in Ausnahmefällen führt die Ehre zum Gabentausch zwischen sozial gleichen Akteuren bzw. zwischen Akteuren gleichen Ranges, wie es beim *potlatch* oder in anderen extremen Formen des Gabentausches zwischen Clanchefs, Notabeln oder Priestern vorkommt. Dass Akteure im Gabentausch sozial ungleich sind, setzt voraus, dass sich die Partner gegenseitig auswählen. Wie Mauss am Beispiel der Ankunftsgaben auf den Trobriand-Inseln beschreibt, wird dabei in der Regel „nach dem bestmöglichen Partner" gesucht (ebd., 52), denn es wird das Ziel verfolgt, eine Allianz mit ihm zu schaffen, um mit ihm möglicherweise einen neuen Clan zu gründen. Hier folgt Mauss der Idee, die er mit Durkheim im Aufsatz zu den primitiven Formen der Klassifikation hervorhebt. Zuerst findet ein Austausch statt, in dem die Klassifikationsmuster der Gesellschaft herausgefordert, ausgetauscht und angepasst werden. Dieser Austausch trägt dann zur Verteilung der Akteure auf verschiedene soziale Positionen und zur Erneuerung wie zur Legitimierung der neuen gesellschaftlichen Klassifikation und der entsprechenden neuen sozialen Hierarchie bei. So differenzieren sich die Clans intern und voneinander aus. Im Gabentausch wandern nicht nur Menschen und Gegenstände aller Art, sondern auch Institutionen und soziale Positionen.

3.2 Klassifikation und Hierarchisierung ...

Je mehr Akteure und Gruppen der Gabentausch einbezieht, desto schwieriger ist es, die soziale Position im Gabezyklus zu halten. Oder umgekehrt formuliert, der Gabentausch wird in seinem Zyklus umso mehr beeinträchtigt, je mehr die Akteure an ihrer sozialen Position festhalten. Für die Akteure bedeutet das, dass sie Gefahr laufen, aus der Gesellschaft ausgeschlossen zu werden, wovon selbst die Stammeshäuptlinge und privilegierten Akteure betroffen sein können. Dies zeigt, wie die Umstellung der Position in der Gabe eine gewisse Flexibilität der sozialen Hierarchie gewährleistet, was sich vorteilhaft auf den Zusammenhalt im Clan auswirkt. Deshalb handelt im agonistischen Gabentausch des Typs *potlatch* nicht nur der Häuptling, sondern auch „wirklich der ganze Clan durch die Vermittlung seines Häuptlings" (ebd., 17). Der Antagonismus im Gabentausch genauso wie die Einladungen, die Feste, die Tänze, die Höflichkeiten und die Witze, die die andere Partei zum Lachen bringen sollen, mobilisieren die Akteure des Clans und vereinen sie im Clan. Auch hier gibt es keinen direkten Zusammenhang zwischen der Mobilisierung der anderen Akteure und der Allianz mit ihnen. Es handelt sich um zwei unterschiedliche Momente des Gabentausches, die, auch wenn sie sich in der Praxis überschneiden – „all dies – Clans, Heiraten, Initiationen, schamanistische Sitzungen und die Kulte der großen Götter, der Totems und der kollektiven oder individuellen Vorfahren – verknüpft sich zu einem unentwirrbaren Netz von Riten, rechtlichen und wirtschaftlichen Leistungen", sagt Mauss (ebd.) –, analytisch folgendermaßen unterschieden werden können: In der Position des Gebens werden vor allem die Clans und die Gruppen einbezogen. In der Position des Empfangens werden Tätigkeiten in Bezug auf die Gegenstände ausgeübt, die das Erwidern der Gegenstände vorbereiten. In der Position des Erwiderns schließlich wird die Allianz zwischen den Tauschpartnern besiegelt. Der Durchgang durch die drei Positionen des Gabentausches beschreibt die komplementäre Verbindung der persönlichen und sozialen Identität, die die soziale Position der Akteure und Gruppen im Gabentausch hervorhebt, wobei diese Hervorhebung vor allem im Geben und im Empfangen stattfindet, während sie im Erwidern gerechtfertigt wird. Im *Essai sur le don* kann beobachtet werden, dass Mauss einerseits die Schlussfolgerungen aus seinem mit Durkheim verfassten Aufsatz zu den primitiven Formen von Klassifikation übernimmt, andererseits jedoch auch darüber hinausgeht. Im Gabentausch werden nicht nur die Klassifikationsmuster von Gesellschaften deutlich, sondern auch, wie sie entweder zugunsten oder gegen die Akteure und Gruppen angepasst werden, die am Gabentausch teilnehmen. Der Gabentausch bestimmt sowohl den künftigen Gabentausch als auch die Art und Weise, wie dieser Austausch weitere gesellschaftliche Klassifikationen und Hierarchien hervorbringt, in denen wiederum

Akteure und Gruppen eingeordnet werden. Im Gabentausch sieht man „Gesellschaften in ihrem dynamischen oder ihrem physiologischen Zustand" (ebd., 139).

Dass die gesamte soziale Hierarchie in einer Gesellschaft durch den Gabentausch auf den Prüfstand gestellt wird, zeigen auch die Vorsichtsmaßnahmen, die die Akteure und Gruppen ähnlich wie z. B. in den Opfer- und in den magischen Riten vornehmen. Um alle Chancen auf ihrer Seite zu behalten, bringen die Akteure und Gruppen so viele Gegenstände wie möglich in den Gabentausch, und zwar die wertvollsten, auch auf die Gefahr hin, alles zu verlieren. Diese Gegenstände werden weder willkürlich ausgewählt, noch werden sie so gegeben, wie sie sind. Sie werden bearbeitet, poliert, verziert, verändert, und wenn nötig, werden weitere Gegenstände angefertigt und zu den Gegenständen hinzugefügt, die in den Gabentausch gebracht werden. Diese Beschäftigung mit den Gegenständen ist deshalb wichtig, weil sie gewährleistet, dass der Zyklus des Gabentausches, der eröffnet wurde, abgeschlossen werden kann. Das Muster der Zirkulation der Gaben, das Mauss im *Essai sur le don* skizziert, ist nicht weit von demjenigen entfernt, das er mit Henri Hubert im Essay über das Opfer einführt. Im Opfer wird eine Kommunikation mit den Ahnen oder den Göttern hergestellt, die die gesellschaftlichen Klassifikationsmuster und die gesellschaftliche Hierarchie legitimiert. Von dieser Kommunikation müssen sich der Opfernde und der Priester jedoch befreien können bzw. sie müssen sie abschließen, damit alle Akteure der Gesellschaft zu ihren täglichen Beschäftigungen zurückkehren können. Ähnlich wie beim Opfer kommt es beim Gabenzyklus zu einer Verhandlung gesellschaftlicher Hierarchien, aus der im Abschluss des Zyklus teilweise eine Rechtfertigung und teilweise eine Erneuerung der Gesellschaft resultiert. Deshalb gilt der Gabentausch nicht nur als Zirkulationsinstanz von materiellen und immateriellen Gegenständen, sondern auch als eine Verteilungsinstanz von Menschen, Dingen, Symbolen, Zeichen, Göttern usw. auf die Gesellschaft, die den Ausgangspunkt für die Erfahrung einer erneuerten sozialen Ordnung mit neuen Tauschmöglichkeiten darstellt, und die von der gegenseitigen Anerkennung, Legitimation und Zirkulation der Macht zwischen Akteuren/Gruppen abhängt.

3.3 Anerkennung, Legitimität und Macht

Wollte man Mauss' Vorstellung der dynamischen sozialen Ordnung der Gesellschaften des Gabentausches in einem Satz zusammenfassen, könnte man sagen, dass die gesellschaftliche Einheit und ihre Erneuerung, zu der der Gabentausch

3.3 Anerkennung, Legitimität und Macht

führt, die gesellschaftlichen Trennungen zwischen Akteuren und Gruppen rechtfertigt, die die gesellschaftliche Hierarchie strukturieren, damit diese Hierarchie zumindest bis zum nächsten Zyklus der Gabe bewahrt wird.

Dieser Gedanke findet seine erste Formulierung im Aufsatz zu den primitiven Formen von Klassifikation: „Diese Tatsachen drängen zu der Annahme, daß das Schema der Klassifikation kein spontanes Produkt des abstrakten Verstandes ist, sondern aus der Verarbeitung zahlreicher fremder Elemente hervorgegangen ist" (Durkheim und Mauss 1987, 176). Die alten Gesellschaften sind wenig differenziert, weshalb in solchen Gesellschaften ein Zustand der relativen Unbestimmtheit herrscht, deren Rolle darin besteht, „die Möglichkeit einer wechselseitigen Transformation der unterschiedlichsten Dinge" zu fördern, die zum Preis des „mehr oder weniger [...] Fehlen[s] jeglicher klar definierten Begriffe" erfolgt (ebd., 173). Dieser Zustand der relativen Unbestimmtheit der Grenzen zwischen Gruppen und zwischen ihren Institutionen bedeutet jedoch nicht, dass diese Gesellschaften keine Klassifikationen produzieren, wie Mauss gleichsam am Gabentausch beobachtet. Zwar wird der Gabentausch in erster Linie von Kollektiven getätigt, und im Gabentausch werden Menschen und Gegenstände vermischt: „In diesen Gesellschaften vermögen weder der Clan noch die Familie sich selbst oder ihre Handlungen voneinander zu lösen; auch sind die einzelnen Individuen, so einflußreich und selbstbewußt sie auch sein mögen, nicht imstande, zu begreifen, daß sie gegeneinander auftreten und ihre Handlungen voneinander trennen müssen. Der Häuptling identifiziert sich mit seinem Clan und dieser mit jenem" (Mauss 2010, 58). Deshalb werden in den Gesellschaften des Gabentausches juristische und wirtschaftliche Begriffe nicht voneinander getrennt, weil „sie das auch nicht nötig" haben (ebd.). Nichtsdestotrotz bringt der Gabentausch soziale Klassifikationen hervor und fördert die Anerkennung von Grenzen zwischen Gruppen von Akteuren, Gegenständen, Institutionen, Mythen und Riten. „Diese Menschen, die weder den Begriff des Verkaufs noch den des Darlehens kennen, führen dennoch die rechtlichen und ökonomischen Tätigkeiten aus, die diesen Wörtern entsprechen" (ebd.), wodurch eine Anerkennung der sozialen Hierarchie gefördert wird, die die Grundlage ihrer Legitimierung bildet, die im Gabentausch erzeugt und auf die ganze Gesellschaft ausgeweitet wird. Die Ehre der Häuptlinge und der Adeligen, all die in den getauschten Gegenständen objektivierten Merkmale dieser Ehre, die die wichtigen Attribute der Institutionen eines Clans widerspiegeln, finden ihre Anerkennung und Legitimität, wenn sie am Gabentausch teilhaben. Nur so ist die Ehre bewiesen, weil im Gabentausch „die Gesellschaft und ihre Mitglieder ein gefühlsmäßiges Bewußtsein ihrer selbst und ihrer Situation gegenüber den anderen erlangen" (ebd., 139). Hinter den gegenseitigen Herausforderungen, die die Dynamik des Gabentausches ausmachen, steckt ein Anerkennungs- und Legitimationskampf, der wie ein Kampf um die Macht über die anderen Akteure und Gruppen aussieht. Tatsächlich geht es im Geben, Empfangen und Erwidern der Gaben um eine Macht, welche die in den Gabentausch involvierten Akteure und Gruppen über die jeweils andere Partei auszuüben versuchen. Aber Mauss zeigt in seinem *Essai sur le don*, dass die Ausübung einer solchen Macht darauf abzielt, die Prinzipien der Akteurs- und Gruppenverteilung auf die Probe zu stellen, die der Hierarchie einer Gesellschaft zugrunde liegen. Anders gesagt, ist die Macht nach Mauss zuerst eine Macht der Klassifikationsmuster, die im Gabentausch ausgehandelt werden, und die insofern anerkannt und legitimiert werden, als sie ihre Wirksamkeit in der Organisation des täglichen Lebens der Akteure bzw. in ihrer Praxis zeigen. Dies ist eine Eigenschaft, die sowohl der Gabentausch als auch die Opferriten gemeinsam haben: Von ihrer Wirksamkeit hängt die Verbreitung des gesellschaftlichen Klassifikationssystems in der ganzen Gesellschaft ab, und damit wird die gesellschaftliche Hierarchie wie die Position jedes Akteurs und jeder Gruppe in dieser Hierarchie, angefangen mit ihren Vertretern – den Obersten der Clans, den Repräsentanten der religiösen Institutionen der Gesellschaft, der religiösen Riten und den damit verbundenen Gegenständen – festgelegt und gewährleistet (vgl. Mauss und Hubert 2012, 210 ff.). Die besten Beispiele solcher Aushandlungsprozesse und der Verwendung gesellschaftlicher Klassifikationsmuster finden sich häufig in zugespitzten Formen des Gabentausches wie dem des *potlatch*, an dem sich gut beobachten lässt, wie sich „[z]wischen Häuptlingen und zwischen Vasallen und Knappen mittels solcher Gaben die Hierarchie" etabliert (Mauss 2010, 133). Die Macht und die gesellschaftliche Hierarchie, die diese Macht gewährleistet, werden nicht durch Zwang oder Gewalt, sondern im Gabentausch ausgehandelt und durchgesetzt, und sie werden bewahrt, wenn sie sich im Alltag als praktisch und nützlich erweisen bzw. wenn sie die Akteure und Gruppen zum Gabentausch führen, in dem diese Akteure und Gruppen mit der ganzen Gesellschaft in Kontakt treten, um die gesellschaftliche Hierarchie und die damit verbundenen Institutionen und Gegenstände neu zu definieren und zu verwenden. Beanspruchen die Akteure diese Macht für sich allein, dann würden sie, wie Mauss mit Fauconnet sagt, ihre Autorität verlieren (Mauss und Fauconnet 1969, 160). Damit würde die Unterstützung ihrer Kollektive im Gabentausch schlagartig nachlassen, was diese Akteure feindseligen Reaktionen der gesamten Gesellschaft aussetzen würde.

Im hinduistischen Recht etwa wird der geizige Akteur, der die Institution der Gastfreundschaft zu seinem eigenen Vorteil missbraucht und dem vorbeigehenden Gast kein Essen anbietet, um es für sich allein zu behalten, der Rache seiner eigenen Nahrung ausgeliefert, die ihn an dem Tag, an dem sie der Akteur verzehrt, töten könnte (Mauss 2010, 111). Niemand aus der Gesellschaft würde ihm

3.3 Anerkennung, Legitimität und Macht

in diesem Fall Hilfe oder Unterstützung anbieten. Der Magier oder der Priester, dessen Kräfte „zu groß und zu schrecklich geworden sind" und ihn „gefährlich" machen, zieht den Zorn aller Akteure der Gesellschaft auf sich, „die ihn fallen lassen oder töten, aus Furcht, selbst samt all ihrer Habe vernichtet zu werden" (Mauss 2012, 60). Es gibt nach Mauss keinen Grund zu der Annahme, dass solche Praktiken unseren zeitgenössischen Gesellschaften radikal fremd seien: „Institutionen dieses Typus haben den Übergang zu unseren eigenen Rechts- und Wirtschaftsformen gebildet und können daher zur historischen Erklärung unserer eigenen Gesellschaften dienen. Die Moral und die Praxis des Austauschs der uns unmittelbar vorangegangenen Gesellschaften bewahren mehr oder minder deutliche Spuren all jener Prinzipien, die wir analysiert haben. Wir glauben in der Tat beweisen zu können, daß unsere Rechts- und Wirtschaftssysteme aus ähnlichen Institutionen wie den erwähnten hervorgegangen sind" (Mauss 2010, 94). Solche Überbleibsel seien heutzutage nicht deshalb immer noch vorhanden, weil unsere Gesellschaften irgendeine Art von struktureller Verwandtschaft mit den von Mauss untersuchten alten Gesellschaften aufweisen würden, sondern vielmehr deshalb, weil es in diesen wie in unseren Gesellschaften grundsätzlich um die Frage des Tausches gehe, bei dem, wie der Gabentausch exemplarisch zeige, ganze Gesellschaften durch ihre Akteure und Gruppen herausgefordert, neu definiert und reproduziert werden. Dies führt zu einer weiteren Anmerkung Mauss', die sich im Gabentausch besonders deutlich äußert: Im Gabentausch zeigen sich die Individuen als Personen.

Sei es in seinem Aufsatz *L'expression obligatoire des sentiments* (1921), oder in *Parentés à plaisanteries* (1926) oder noch in *Une catégorie de l'esprit humain: la notion de personne, celle de ‚moi'* (1938), bei Mauss findet sich immer wieder dasselbe Argument, dass die Gesellschaft und im Besonderen die soziale Gruppe und die Individuen zu Personen ausbilden, weil die individuellen Akteure in ihrer Eigenart immer einen Ausdruck von übergeordneten sozialen Zusammenhängen vergegenwärtigen und repräsentieren, die in der Form der Familie, der breiteren sozialen Gruppe der Verwandten oder im Allgemeinen der Gesellschaft bestehen. Deshalb, wie wir schon gesehen haben, sind einerseits individuelle Gefühle und Emotionen überall im konkreten Verlauf des gesellschaftlichen Lebens zu beobachten, und im Gabentausch äußern sie sich häufig auf prägnante Art und Weise: „Radcliffe-Brown weist [...] auf die Riten der Wiederbegegnung nach langer Trennung hin – Umarmungen, Tränengruß – und zeigt, daß der Geschenkaustausch ihnen entspricht und wie sich hierbei sowohl Gefühle und Personen miteinander vermischen", und eben diese Vermischung von Personen und Dingen ist „die Bedeutung von Vertrag und Tausch" (Mauss 2010, 39). Andererseits sollten solche Gefühle und Emotionen, weil sie von wichtiger Bedeutung für die konkrete Organisation der Gesellschaft sind und mithin gesellschaftliche Klassifikationsoperationen wie etwa „den Unterschied zwischen Dingen des persönlichen Gebrauchs und solchen, die ‚properties' sind", unterstützen (ebd., 51, Anm. 64), nicht dem individuellen Akteursausdruck allein überlassen werden, sondern sie sollten von der Gesellschaft gesteuert werden, deren Steuerung die Person vermittelt. Im Gabentausch werden bestimmte Gefühle obligatorisch an bestimmten Orten und zu bestimmten Zeiten ausgedrückt. Nehmen wir das oben erwähnte Beispiel des Witzes. Bei den Eskimos etwa werden im Gabentausch Witze gemacht, um die andere Partei dazu zu bewegen, ihre Gegenstände zu geben. Für diese andere Partei ist es dann wichtig, nicht über diese Witze zu lachen. Die darin zum Ausdruck kommende Selbstbeherrschung soll der anderen Partei vermitteln, dass sie es mit einem kühnen Tauschpartner zu tun hat, der sich nicht leicht aus dem Gabentausch herausbringen lässt (ebd., 31, Anm. 45). Diese Vermittlung des Kollektivs durch Individuen, die durch diese Vermittlung zu Personen werden, macht das Kernmerkmal der Gabe als totale Leistung aus: „Totale Leistung liegt in dem Sinne vor, daß wirklich der ganze Clan durch die Vermittlung seines Häuptlings kontrahiert für alle seine Mitglieder, für alles, was er besitzt, und für alles, was er tut. Doch hat diese Leistung seitens des Häuptlings einen stark agonistischen Zug. Sie trägt wesentlich den Charakter des Wuchers und des Luxus und ist vor allem ein Kampf zwischen den Adligen, der ihren Platz innerhalb der Hierarchie bestimmt, von dem letztlich [...] ihr eigener Clan profitiert" (ebd., 17 f.). Dem Häuptling bleibt dann nur noch übrig, seine *persona* bzw. sein soziales Merkmal als das Subjekt, das mehr als ein Individuum ist, weil es sozial bestimmt ist, nicht zu verlieren. Die *persona,* wie Mauss in *Une catégorie de l'esprit humain: la notion de personne, celle de ‚moi'* anmerkt, wird häufig durch die Tanzmaske in den Tänzen symbolisiert, die die Kontrahenten beim Gabentausch durchführen müssen, um an diesem Tausch teilnehmen zu können und zugleich sicherzustellen, dass sie aus dem Tauschzyklus ausscheiden können. Als totale Leistung ist deshalb der Gabentausch der Ort für die Behauptung vom totalen Menschen als Person, d. h. als des Vermittlers der „‚Ganzheiten'" bzw. der „gesellschaftlichen System[e] in ihrer Gesamtheit" (ebd., 139).

3.4 Schlusswort. Die Gabe als totale soziale Tatsache

Mauss versteht die Gabe als totale soziale Tatsache bzw. als eine totale soziale Leistung zwischen totalen Menschen, an der die dynamische Ordnung und die entsprechende dynamische Hierarchisierung der Gesellschaften beobachtet werden können. Im Gabentausch treten die Akteure und die sozialen Gruppen aus

3.4 Schlusswort. Die Gabe als totale soziale ...

ihrer sozialen Position heraus, um sich gegenseitig herauszufordern. Zwischen Wirtschaft und Gesellschaft, Freiheit und Zwang, Eigennützigkeit und Uneigennützigkeit, entwickelt sich die Gabe weiter, und zwar nicht nur in segmentären Gesellschaften, sondern auch in unseren Gesellschaften. Die Gabe ist nicht nur eine Besonderheit ferner Gesellschaften und Kulturen. Mauss sieht in ihr vielmehr eine Alternative zur Veränderung der modernen Gesellschaften, weil die Gabe in ihren Wurzeln noch immer in unserer Gegenwart lebendig ist, weshalb sie in unseren rationalisierten, utilitaristischen und desillusionierten Gesellschaften als Tauschpraxis wieder aufgegriffen und im Zentrum des gesellschaftlichen Lebens platziert werden sollte. Die Gabe enthält zudem eine Friedensbotschaft – so geht es bei der Gabe zwar auch um Herausforderungen, Rache, Kämpfe und Machtverhältnisse, sie lässt sich jedoch keineswegs auf diese Ereignisse reduzieren, weil sie grundsätzlich darauf abzielt, das gesellschaftliche Band zu erneuern und weiterzuentwickeln. Wenn man gibt, gibt man nicht nur eine Ware oder eine Dienstleistung. Man gibt auch ein Stück von sich selbst.

Obgleich Mauss die Vielseitigkeit des Gabentausches aufzeigt und die Gabe als Konvergenzpunkt der Moral, der Wirtschaft, des Rechts, der Religion, der Magie, der Ästhetik, des Körpers, der Gefühle und der Emotionen bestimmt, lässt sein Essay doch Zweifel daran aufkommen, ob die Gabe wirklich dieser „roc", dieser Felsen der Gesellschaft ist (ebd., 14). Mauss beschreibt die Gabe unter Rekurs auf das Vokabular indigener Bevölkerungen, deren Termini oft keine adäquate Übersetzung zulassen, was wiederum einer einseitigen Verwendung solcher Termini Vorschub leisten kann. Dies trifft im Besonderen auf die Verwendung des *mana* und des *hau* zu, auf die Mauss zur Beschreibung der Kraft der Gaben und des Geistes des Gebers im gegebenen Gegenstand rekurriert. In der Ethnologie hat dieser begriffliche Umgang Kontroversen ausgelöst (vgl. etwa Firth 1940; Lévi-Strauss 2010; Lefort 1950, 1402; Weiner, 1985). Mauss wird vorgeworfen, dass er diese Begriffe zu frei gedeutet habe, was insbesondere für den Begriff *hau* gelte. Das *hau* im Sinne von Mauss forciere eine Deutung des Gabentausches, die nahelegt, dass das Erwidern der Gaben gewissermaßen automatisch verlaufe und sich der Gabentausch als geschlossener Zyklus des Gebens, Empfangens und Erwiderns grundsätzlich von anderen Tauschformen wie etwa dem wirtschaftlichen Austausch unterscheide. Mit dem Begriff *mana* lege Mauss wiederum nahe, dass dieser am Ursprung des menschlichen Austausches liege und außerdem mystisch sei. Beide Begriffe unterstützten eine Deutung der Gabe als einer gesellschaftlichen Tauschpraxis, die der Wirtschaft und dem wirtschaftlichen Tausch gegenüber immun wäre, was jedoch der Vorstellung einer Einbettung in der Gesellschaft entgegenlaufe. Sein engster Freund Hubert wirft ihm dies unmittelbar vor, als er 1925 den *Essai sur le don* gelesen hat: „Sprechen wir etwa von den Germanen. Du schreibst, dass das germanische Recht keinen Markt berücksichtige. Aber das Leben in der germanischen Welt in der Bronzezeit kann nicht ohne Markt verstanden werden […]. In Germanien hat man Metall gegen Bernstein getauscht, der Bernstein hatte einen Markt" (Hubert 2021, 531). In der Folge wird die Kritik geäußert, dass Mauss das obligatorische und daher reziproke Merkmal der Gabe überbetont habe, was zur Relativierung einer möglichen Verbindung zwischen der Gabe und der Idee einer moralisch tragfähigen Sozialwirtschaft in den Industriegesellschaften führe. Liegen in der Gabe tatsächlich die grundlegenden Normen unserer sozialen Verhältnisse? Oder zeigt die Gabe nur unsere blinde Idealisierung dieser Normen und entlarvt unseren Ethnozentrismus, wenn es darum geht, die verschiedenen Merkmale des sozialen und kulturellen Austauschs zu analysieren? Oder geht es noch um etwas anderes, wie Mauss' normative und politische Schriften nahelegen?

Literatur

Durkheim, E., und M. Mauss. 1987. „Über einige Formen von Klassifikation. Ein Beitrag zur Erforschung der kollektiven Vorstellungen (1899)." In É. Durkheim, *Schriften zur Soziologie der Erkenntnis*, 169–256. Frankfurt am Main: Suhrkamp.
Firth, R. 1940. „The Analysis of Mana: An Empirical Approach." *The Journal of the Polynesian Society* 49 (196): 483–510.
Hubert, H. 2021. „446. Hubert à Mauss. Lettre datée du 21 décembre 1925." In Henri Hubert und Marcel Mauss, *Correspondance (1897–1927)*, hrsg. v. R. F. Benthien, Ch. Labaune, und Ch. Lorre, 530–33. Paris: Garnier.
Lefort, C. 1950. „L'échange et la lutte des hommes." *Les Temps modernes* 6: 1400–1417.
Lévi-Strauss, C. 2010. „Einleitung in das Werk von Marcel Mauss." In M. Mauss, *Soziologie und Anthropologie*, Bd. 1, 7–41. Wiesbaden: Springer.
Mauss, M. 2010. „Die Gabe. Form und Funktion des Austauschs in archaischen Gesellschaften." In M. Mauss, *Soziologie und Anthropologie*, Bd. 2, 9–144. Wiesbaden: Springer.
Mauss, M. 2012. „Die Religion und die Ursprünge des Strafrechts nach einem kürzlich erschienenen Buch (1896)" In M, Mauss, *Schriften zur Religionssoziologie*, 33–90. Berlin: Suhrkamp.
Mauss, M., und P. Fauconnet. 1969. „Sociologie (1901)." In M. Mauss, *Oeuvres 3. Cohésion sociale et division de la sociologie*, hrsg. v. V. Karady, 139–77. Paris: Minuit.
Mauss, M., und H. Hubert. 2012. „Essay über die Natur und die Funktion des Opfers (1899)." In M. Mauss, *Schriften zur Religionssoziologie*, 97–216. Berlin: Suhrkamp.
Weiner, A.B. 1985. „Inalienable Wealth." *American Ethnologist* 12 (2): 210–28.

Mauss' normative und politische Schriften 4

Neben seinen wissenschaftlichen Schriften veröffentlicht Marcel Mauss zahlreiche Beiträge zu politischen Themen und Ereignissen seiner Zeit mit der Absicht, auf die moderne liberale und kapitalistische Gesellschaft sowohl wirtschaftlich als auch politisch verändernd einzuwirken. Dieser Anspruch erklärt sein Engagement für den Sozialismus einerseits und die Genossenschaftsbewegungen andererseits. Nach Mauss' Dafürhalten sind diese Bewegungen am besten geeignet, die moderne Gesellschaft zu reformieren und den Liberalismus wie den Kapitalismus zu überwinden. Dies ist jedoch weder ein leichtes noch ein selbstverständliches Unterfangen, weil eine solche Reform allem voran bei der Veränderung der Erziehung und der Sozialisation der Akteure anzusetzen hat. Die Gesellschaft zu reformieren, bedeutet daher für Mauss, ihre Akteure anders auszubilden, damit sie die wichtige Bedeutung des Kollektivs und der Bewahrung solcher Kollektive in der Gesellschaft verstehen, was jedoch zwingend voraussetzt, dass die Akteure auch auf solche Kollektive sozialisiert werden (siehe Chiozzi 1983, 662–63).

In diesem Kapitel fangen wir mit einer Beobachtung an, die uns zuerst erlaubt, Mauss als engagierten Gelehrten in den politischen Bewegungen seiner Zeit, bei seinen Streifzügen in den Bereich des Normativen, wie er sagt, darzustellen (Mauss 2017, 6). In diesem Zusammenhang werden wir uns mit den normativen Schriften von Mauss auseinandersetzen, die Marcel Fournier 1997 herausgegeben hat (Fournier 1997). Da dieser Teil vom Mauss' Werk nur auf Französisch verfügbar ist, nehmen wir eigene Übersetzungen der von uns zitierten Passagen vor. Im Anschluss daran wenden wir uns seiner unvollendeten Schrift *La nation, ou le sens du social* zu, die erstmals 2013 von Marcel Fournier und Jean Terrier herausgegeben wurde. Mauss selbst sah in der Thematik der Nation den Gipfel

© Der/die Autor(en), exklusiv lizenziert an Springer Fachmedien Wiesbaden GmbH, ein Teil von Springer Nature 2024
C. Papilloud und C. Rol, *Zur Aktualität von Marcel Mauss*, Aktuelle und klassische Sozial- und KulturwissenschaftlerInnen,
https://doi.org/10.1007/978-3-658-45251-3_4

seiner Überlegungen zu all den anderen Themen, denen er sich gewidmet hat und die wir bisher skizziert haben. Die Nation sollte zu einer Art von „Theorie" führen, die Mauss' politische Ansichten zusammenfassen sollte (Fournier 2004, 213). Diese Theorie bleibt jedoch unvollendet. Der vierte Teil von *La nation*, der sich mit dem Liberalismus und dem Individualismus befassen sollte, fehlt, obwohl Mauss seinem Freund Henri Hubert in einem Brief mitteilte, er habe ihn fertiggestellt (Hubert 2021, 454). Wir wissen also nicht, was Mauss' letztes Wort zu *La nation* sein sollte, was die Deutung seiner normativen bzw. politischen Botschaft und die Untersuchung der Beziehungen zwischen diesem Teil und den anderen Teilen seines Werkes erschwert. Wir sprechen also in diesem Kapitel von Mauss' normativen Schriften und dem unvollendeten Werk *La nation* mit Rücksicht darauf, dass wir es hier mit weniger gut etablierten Inhalten zu tun haben.

Eine ähnliche Lage zeigt die Literatur über Mauss' normative Schriften und *La nation*. Es gibt zwar eine Literatur zu Mauss' normativen Schriften (z. B. Charbonnier und Desroche 1976; Chiozzi 1983), diese fällt jedoch im Vergleich zur Literatur über *Die Gabe* relativ bescheiden aus. Dasselbe gilt für *La nation*, auch wenn *La nation* mehr Aufmerksamkeit im Vergleich zu Mauss' normativen Schriften geweckt hat (siehe z. B. Schüttpelz 2002; Karsenti 2010; Verderame 2014; Callegaro 2021) und 2017 von Axel Honneth auf Deutsch herausgegeben wurde (Mauss 2017). Wir befinden uns also in einem nicht homogenen Deutungsfeld von unregelmäßigen Beiträgen, die die Rezeption von Mauss' Auffassung zu politischen Fragen ausmachen und prägen. Diese Rezeption hat von einigen frühen Pionieren profitiert, die sich speziell mit Mauss im Rahmen seiner Tätigkeit für verschiedene Zeitungen und andere Publikationsorgane für die breite Öffentlichkeit befasst haben.

4.1 Mauss' normative Schriften

Claire-Lise Charbonnier und Simone Desroche wollten Mitte der 1970er Jahre Mauss' Beiträge in der Presse, seine veröffentlichten Vorträge auf sozialistischen und genossenschaftlichen Kongressen und seine Beiträge in Gewerkschaftsbroschüren zusammenstellen (Charbonnier und Desroche 1976, 82). Nach Charbonnier und Desroche bestand das Ziel dieser Sammlung der politischen Schriften von Mauss darin, sich Viktor Karadys Arbeit zum Gesamtwerk Mauss' anzuschließen. Dieses Projekt kam allerdings nicht zustande, aber es führte zu einem langen Aufsatz beider Forscherinnen zum Thema der internationalen Genossenschaften. Dabei sprechen sie nicht nur von Mauss, sondern rekonstruieren die

4.1 Mauss' normative Schriften

Entwicklung der Genossenschaftsbewegungen und die Frage ihrer Internationalisierung vom 19. Jahrhundert bis in die 1960er Jahre. Charbonnier und Desroche heben ferner hervor, dass Mauss zusammen mit anderen Gleichgesinnten ein Bündnis zwischen den Sozialisten, die mehrheitlich „allergisch" auf die Genossenschaften reagierten, und den Genossenschaftlern schließen wollte (ebd., 81). Sein Freund, der Sozialist Jean Jaurès, der Mauss' Ansichten stets teilte, unterstützt die Bestrebungen von Mauss umso mehr, als sich eine solche Initiative mit dem Vorhaben von Charles Gides anschlussfähig zeigt, der als Anführer der *Ecole de Nîmes* in Frankreich die französische Solidarwirtschaft entwickelte und 1887 die *Alliance coopérative internationale* gründete (ebd.). Es handelte sich also darum, gemeinsam eine Brücke zwischen dem Sozialismus und den Genossenschaftsbewegungen aufzubauen. Mit dem *Pacte d'Unité* (1912) kam sie zustande.

Mauss ist ein überzeugter Sozialist und ein Mitglied der sozialistischen Partei. Er steht Jaurès und Lucien Herr nah (siehe z. B. Tarot 2003, 89–90). Er unterstützt einen reformistischen und humanistischen Sozialismus (Schlanger 2006, 15; Vibert 2005, 359). Nach Mauss soll der Sozialismus weder an den Marxismus noch an den Kommunismus oder an den Anarchismus anknüpfen (Fournier 2007, 438). Früh ist Mauss davon überzeugt, dass „der Sozialismus schon heute das Mittel zur zukünftigen Gesellschaft ist" (Mauss 1899 in Fournier 1997, 74). Dabei versteht Mauss den Sozialismus als „eine Überzeugung, eine Haltung und eine Handlung", die sich „im Individuum und in der Gesellschaft" entwickeln und verbreiten muss (ebd., 80). Anders gesagt und wie Paolo Chiozzi betont (Chiozzi 1983), versteht Mauss den Sozialismus vor allem als eine Art der Sozialisation auf ein Kollektiv, die der Aufklärung von Einzelakteuren über ihr individuelles Leben und über ihre Freiheit in Verbindung mit einem Kollektiv dient. Ein solches Verhältnis ist ein konkretes Verhältnis, das zu praktischem Handeln führen muss und nicht allein auf politisches Handeln reduziert werden kann: „Die politische Funktion, wie sie in der gegenwärtigen Gesellschaft ist, wie sie in der künftigen Gesellschaft sein wird, wie sie im gegenwärtigen Sozialismus sein muss, ist eine Funktion wie jede andere und keineswegs eine vorherrschende Funktion" (ebd. 81).

Diese Betonung des Praktischen und des Konkreten, die, wie wir in den vorangegangenen Kapiteln gesehen haben, eine Konstante in Mauss' wissenschaftlichen Schriften ist, strukturiert seine normativen Beiträge und erklärt zudem, wieso Mauss sich den Gewerkschaften und den Berufsverbänden verbunden fühlte. Seine Vorliebe gilt jedoch den Genossenschaftsbewegungen und insbesondere den sozialistischen Genossenschaften (siehe auch Mallard 2011,

231), was eine direkte Folge aus seiner Auffassung vom Sozialismus als Sozialisationspraxis ist. Ohne eine solche Sozialisation kann kein konkretes gesellschaftliches Projekt entwickelt werden, und nach Mauss teilen diese Überzeugung alle Genossenschaften gleichermaßen. Deshalb besteht die vorderste Aufgabe der Genossenschaftsbewegungen darin, die Akteure auf die Ideen zu sozialisieren, die die Grundlage des Sozialismus bilden. Oder, wie Mauss sagt, die Genossenschaften müssen ihren Sozialismus in Form einer „sozialistischen Erziehung" konkretisieren, um sozialistische Genossenschaften zu werden (Mauss 1904 in Fournier 1997, 145–46). Als solche stellen die Genossenschaften „das ideale Asyl der rein erzieherischen Propaganda des Proletariats" dar (ebd.). In der Praxis muss Mauss jedoch feststellen, dass sich keine Genossenschaft auf nationaler und internationaler Ebene in der Position befindet, diese Agenda umzusetzen.

Nehmen wir etwa die „gelben Genossenschaften" (ebd.), ein Begriff, der sich auf die gelbe Gewerkschaftsbewegung in Frankreich bezieht, in deren Umfeld sich die Arbeiter bei Konflikten aufgrund unzumutbarer Arbeitsbedingungen nicht etwa von ihren Arbeitgebern distanzieren, sondern vielmehr mit ihnen verhandeln und paktieren. Solche Genossenschaften können nicht zur Verselbstständigung der Genossenschaften beitragen, da sie im Kapitalismus gefangen bleiben. Bei den sogenannten roten Genossenschaften gestaltet sich die Lage ähnlich. Sie üben zwar anders als die gelben Genossenschaften Druck auf die Arbeitgeber aus, gleichzeitig entwickeln die roten Genossenschaften jedoch ein Verhältnis zur kommunistischen Partei, womit sie sich ganz im Dienst der politischen Handlung befinden und andere Aktionsformen kategorisch ausschließen. Entsprechend können auch die roten Genossenschaften nicht die Emanzipation der Genossenschaften unterstützen, da die Instrumentalisierung und Indienstnahme durch die Politik nach Auffassung von Mauss im direkten Widerspruch zur gesellschaftlichen Rolle von Genossenschaften steht (ebd., 145).

Genossenschaften sollten „die gewerkschaftliche Handlung, die gemeinsame Handlung, die im Grunde eine nicht politische sozialistische Handlung ist, verstärken" (Mauss 1905 in ebd., 164). Sie sollten auf eine soziale Haltung sozialisieren, die das individuelle Bewusstsein für die Bedeutung des Kollektivs sensibilisiert und das Handeln im Namen dieses Kollektivs fördert. Dies bildet nach Mauss auch den Grund dafür, weshalb Konsumgenossenschaften das beste Modell für sozialistische Genossenschaften darstellen (ebd., 157; siehe auch Tarot 2003). Der Vorteil von Konsumgenossenschaften liegt darin, dass sie in ihrer Mehrheit auf die „Kommunalisierung von Dienstleistungen" abzielen (ebd.). Sie tragen also dazu bei, den Kommunen Dienstleistungen anzubieten, die zuvor von Stiftungen und privaten (individuellen oder kollektiven) Akteuren erbracht wurden. So sorgen sie einerseits dafür, dass mehr Akteure Zugang

4.1 Mauss' normative Schriften

zu diesen Dienstleistungen haben, die zu öffentlichen Dienstleistungen werden. Andererseits fördern sie die Einstellung neuer Arbeitskräfte und eine bessere Verhältnismäßigkeit der Gehälter zwischen den verschiedenen Berufen, die mit diesen Dienstleistungen verbunden sind. Und schließlich sind Konsumgenossenschaften weder gelb noch rot. Aus diesem Grund sind sie das beste Beispiel für das, was Mauss als sozialistische Genossenschaften bezeichnet.

Sozialistische Genossenschaften sind nicht nur eine Antwort auf die notwendige praktische Umgestaltung der modernen Gesellschaft, sondern auch eine praktische Strukturierungskraft des Sozialismus, die sich nicht als Ideologie oder politische Partei, sondern als eine Form des sozialen Handelns entwickeln sollte. Die Unterstützung vonseiten Mauss' für die Idee der sozialistischen Genossenschaften rührt also daher, dass diese Genossenschaften seiner Ansicht nach das Ziel erreichen können, das dem französischen Sozialismus bisher noch nicht zu erreichen gelungen ist: „die Abschaffung des Salariats" (Mauss 1904 in Fournier 1997, 146). Der französische Sozialismus sollte entsprechend ebenso von den Konsumgenossenschaften wie von dem britischen Zunftsozialismus lernen, das System der Lohnarbeit durch Kooperation zu ersetzen, um die Emanzipation der Arbeiter tatsächlich zu fördern. An diesem Punkt unterscheidet sich Mauss' Diskurs von dem der Marxisten und der Kommunisten.

Mauss spricht nicht von Revolution, sondern von Reformen, selbst wenn er mit den Marxisten darin übereinstimmt, dass der Kapitalismus die Vorstufe einer sozialistischen Gesellschaft bilde. Es gibt, wovon die Fabianisten um Beatrice und Sidney Webb in London ausgehen (Mallard 2011, 231, Fußnote 19), eine Bewegung, eine natürliche Entwicklung der Gesellschaften hin zu sozialistischen Gesellschaften (Mauss 1920 in Fournier 1997, 259–61), die eintritt, sobald die notwendigen Bedingungen dafür erfüllt sind. Dies erklärt, wieso Mauss der russischen Oktoberrevolution und insbesondere dem Bolschewismus kritisch gegenübersteht. Die Bolschewiki versuchen mit Gewalt und Zwang eine sozialistische Gesellschaft aufzubauen. Aber die Voraussetzungen für die Entwicklung einer solchen Gesellschaft in Russland sind noch nicht gegeben. Deshalb führt ein solches Unterfangen zu einer politischen, wirtschaftlichen, sozialen und humanitären Katastrophe. Im Gegensatz zu den Bolschewiki und Kommunisten verbindet Mauss seine Vorstellungen von Konsumgenossenschaften und der Abschaffung der Lohnarbeit nicht mit der Kollektivierung des individuellen Eigentums und des Lohnes. Zwar soll die Arbeit nicht auf einen Preis bezogen werden, den die Kapitalisten kontrollieren, sondern zu einem angemessenen Wert und unabhängig von den Preisschwankungen auf den Wirtschaftsmärkten vergütet werden. Dafür braucht es aber Genossenschaften, deren Mitglieder den Preis der Arbeit festsetzen, um zu gewährleisten, dass die individuellen Eigentumsrechte eines jeden

Arbeiters gewahrt werden und sie einen der geleisteten Arbeit entsprechenden Lohn erhalten. Hieran lässt sich klar erkennen, dass für Mauss „[d]as individuelle Eigentum [...] nicht mit den sozialistischen Institutionen inkompatible [ist]", zumal es aus seiner Sicht „immer noch eine beträchtliche Anzahl von Reichtumskategorien [gibt], deren Aneignung selbst die radikalsten Sozialisten nur als individuelle Angelegenheit verstehen" (ebd., 263). Nicht etwa der Sozialismus, den die Bolschewiki aufzubauen versuchen, sondern ausschließlich der kooperative Sozialismus ist also laut Mauss dazu imstande, dass individuelle Eigentum und den individuellen Reichtum sicherzustellen. Wieso aber verteidigt Mauss das Eigentumsrecht und den individuellen Reichtum so leidenschaftlich? Weil sie hart erkämpften Rechten entsprechen, die den Fortschritt unserer Gesellschaften auf dem Weg zu einer wahrhaft sozialen Gesellschaft symbolisieren (ebd., 264). In ähnlicher Weise sollte der kooperative Sozialismus die unternehmerische Freiheit und den Wirtschaftsmarkt unterstützen: „Wir können uns keine Gesellschaft ohne Markt vorstellen. Mit diesem Begriff meinen wir nicht etwa die Markthallen, Börsen oder andere Orte, die nur die äußeren Zeichen davon sind; wir meinen die wirtschaftliche Tatsache, dass sich der Preis öffentlich, durch den Wechsel der frei ‚angebotenen und nachgefragten' Preise, selbst festlegt [...] Dieses Marktsystem, das sich in der Wirtschaftsgeschichte der Menschheit langsam entwickelt hat, regelt die Produktion und den Verbrauch in höchstem Maße. Andere Systeme sozialer Tatsachen tragen zwar zur gleichen Funktion bei, und es ist möglich, sich andere neue Systeme vorzustellen, die ebenfalls dazu beitragen würden, aber die Freiheit des Marktes ist die notwendige Bedingung des Wirtschaftslebens" (Mauss 1924 in ebd., 541–542).

Allerdings, und das ist ein weiterer Punkt, den Mauss mit den Marxisten und Kommunisten teilt, bleibt ohne die Internationalisierung der sozialistischen Genossenschaften ihre Wirkung auf das wirtschaftliche und soziale Leben beschränkt. Diese Internationalisierung ist das größte Problem der Genossenschaftsbewegungen. Trotz der Organisation von Kongressen zu Genossenschaften und der Existenz der *Alliance coopérative internationale,* sind „die sogenannten zivilisierten Völker noch nicht an dem Punkt angelangt, an dem das internationale Bewusstsein der Menschen sich ausdrücken kann und handelt" (Mauss 1902 in ebd., 121). „Die menschliche Solidarität ist für den Sozialismus eine Art vage Formel" (ebd., 123) und kein Organisationsprinzip. Diese Organisation fehlt in jeder Nation, und der Wirtschaftsmarkt ist ein gutes Beispiel dafür: Er entwickelt sich anarchisch und dient dem allgemeinen Interesse der Bürger nicht. Nach Mauss sollte dieses Problem unter Zuhilfenahme eines Föderalismus mit nationalen Vermittlungsinstanzen wie den Konsumgenossenschaften oder verwandten Berufsgruppen gelöst werden (Mauss 1924 in ebd., 544). Aber wie und

4.1 Mauss' normative Schriften

inwiefern bilden sozialistische Genossenschaften eine Alternative zu liberalen und kapitalistischen Gesellschaften?

Wenn sozialistische Genossenschaften eine Alternative zu liberalen und kapitalistischen Gesellschaften bilden können, so deshalb, weil eine solche Alternative die liberalen und kapitalistischen Gesellschaften nach Mauss' Auffassung nicht ersetzt, sondern weiterentwickelt. Die sozialistische Gesellschaft, die Mauss fordert, setzt keine Ablehnung des Liberalismus und des Kapitalismus voraus, weil der Liberalismus und der Kapitalismus vielmehr die Grundbedingungen für die Entstehung dieser Gesellschaft liefern. Der russische Fall der Oktoberrevolution zeigt exemplarisch, dass der Kampf gegen oder der Verzicht auf die liberalen, kapitalistischen Institutionen nicht zu einer sozialistischen Gesellschaft im Sinne von Mauss führt. Eine echte soziale Gesellschaft, in der das Bewusstsein für das Kollektiv und seine Einschreibung in Genossenschaften die individuelle Emanzipation, das allgemeine Wohlergehen und den Frieden begünstigen, gibt es noch nicht. Eine Gesellschaft kann nur auf der Grundlage ihrer Sozialgeschichte reformiert werden, was für die liberalen Demokratien bedeutet, dass man sich mit ihren liberalen und kapitalistischen Institutionen auseinandersetzen muss, um sie neu zu organisieren und den Wettbewerb in gegenseitiges Verständnis und gegenseitige Unterstützung zu verwandeln. Die Bürger müssen sich auf gemeinsam formulierte Ziele einigen, die sie frei ausgewählt haben. Auf diese Weise werden moderne Gesellschaften weder den Unwägbarkeiten der Wirtschaft unterworfen noch enden sie in Diktatur oder Tyrannei.

Die liberalen und kapitalistischen Gesellschaften müssen reformiert werden, weil sie wirtschaftliche Tätigkeiten begünstigen, die die soziale Ordnung gefährden. Ein hervorragendes Beispiel für die Tücken der kapitalistischen Wirtschaft findet Mauss in der finanziellen Situation der europäischen Länder nach dem Ersten Weltkrieg, die von Spekulationen schwer gezeichnet sind (siehe auch Hart 2014, 37–38). Diesbezüglich postuliert Georges Bourgin in einem Beitrag für *La revue socialiste*, dass Mauss daran dachte, ein Buch über monetäre Phänomene zu schreiben (Bourgin 1950, 225), von dem uns heute jedoch nur noch wenige Fragmente geblieben sind, die er einst dem *Populaire* überlassen und die Fournier im Rahmen der Herausgabe von Mauss' normativen Schriften gesammelt hat. In diesen Fragmenten stellt Mauss fest, dass das Geld an Wert verliert, was die Kapitalisten dazu veranlasst, es loszuwerden und ihr Defizit durch die Erhöhung der Warenpreise auszugleichen. Dies führt zum einen zu Inflation und zum anderen zum Haushaltsdefizit der Staaten. Unabhängig vom Versagen des Staates und seiner Finanzinstanzen ist für Mauss der „rücksichtslose kosmopolitische Kapitalismus" der unübertroffene Krisenstifter (Mauss 1924 in Fournier

1997, 595). Mehr als jeder andere Tätigkeitsbereich in den modernen Gesellschaften hat sich die kapitalistische Wirtschaft in einem noch nie dagewesenen Ausmaß internationalisiert. Sie kann sich daher bei den zahlreichen Märkten bedienen, die ihr offen stehen, und sie tut dies ohne Rücksicht auf die Folgen ihres Handelns für die Staaten und ihre Bevölkerungen. Die Internationalisierung des Kapitalismus erklärt jedoch nicht allein das Spekulationsfieber, das die europäischen Länder in der Nachkriegszeit erschüttert. Mauss zufolge findet diese groß angelegte Finanzspekulation ihre Erklärung ebenso in der Frage der Kriegsreparationen, die Deutschland am Ende des Ersten Weltkrieges auferlegt und von der französischen Regierung mit aller Härte abverlangt wurden.

Die französische Nachkriegsregierung ist in Bezug auf die Zahlung von Kriegsreparationen unnachgiebig. Frankreich lehnt jeden Kompromiss mit Deutschland ab, den Betrag für die Kriegsreparationen zu reduzieren, den Frankreich von Deutschland für den Wiederaufbau der durch den Krieg verwüsteten französischen Gebiete fordert. Dies begünstigt Spekulationen mit europäischen Währungen, die sowohl Frankreich als auch die anderen europäischen Länder in eine starke Finanzkrise stürzen. Auf der Suche nach einem Ausweg aus der Krise nimmt die Regierung von Georges Clémenceau, wie schon während des Krieges, kurzfristige Kredite auf – die berühmte schwebende Verschuldung, von der Mauss 1924 mehrfach spricht. Diese schwebende Verschuldung heizt die Inflation und die Währungsspekulation an und führt dazu, dass die *Banque de France* nach und nach die Kontrolle über den Geldmarkt verliert. Mauss kritisiert die aus dieser misslichen Lage sprechende Inkompetenz des französischen Finanzministeriums und der französischen Regierung stark. Es wäre möglich gewesen, sich selbst einzuschränken, um Deutschland nicht zu ruinieren, wohl wissend, dass sich der Ruin Deutschlands negativ auf die anderen europäischen Länder auswirken und ganz Europa destabilisieren würde. Mallard hat aus dieser Frage der Kriegsreparationen den zentralen Punkt der praktischen Anwendung der moralischen Schlussfolgerungen von Mauss' *Die Gabe* gemacht (Mallard 2019). Er unterstreicht zu Recht, dass die Argumente von Mauss unseren heutigen Gesellschaften beim Umgang mit Schulden helfen könnten, die angesichts des allgemeinen Interesses reduziert, wenn nicht gar vollständig abgeschafft werden sollten (ebd.). Allerdings lässt Mallard offen, wie sich Mauss' Sorge um die finanzielle Situation der europäischen Länder mit seinem Verständnis des kooperativen Sozialismus einerseits und seiner Kritik zur Internationalisierung des Finanzsystems andererseits verbindet. Mauss schlägt eine Reorganisation der europäischen Wirtschaft und Finanzwirtschaft mit dem Ziel vor, die öffentlichen Finanzen zu stabilisieren und so den Wohlstand von allen europäischen Bürgern abzusichern. Eine solche Umstrukturierung erfordere die Institutionalisierung von

Genossenschaften auf staatlicher Ebene. Oder anders formuliert: Die Umstrukturierung der Wirtschaft durch die Genossenschaftsidee setzt eine entsprechende Umstrukturierung des Staates in Form eines Verbands nationaler Genossenschaften voraus. Dieses letzte Argument ist für die weitere Diskussion über *La nation* von entscheidender Bedeutung.

4.2 Die Nation

Im Gegensatz zu Durkheim versteht Mauss den Staat nicht als Garant der gesellschaftlichen Einheit. Aber ebenso wie Durkheim betont auch Mauss die Wichtigkeit von intermediären Gruppen bzw. von Berufsverbänden, die Durkheim als neue Zünfte fasst, während sie von Mauss nach dem Vorbild des kooperativen Sozialismus als Genossenschaften bezeichnet werden. Ob Zünfte oder Genossenschaften, Mauss ist davon überzeugt, dass nur derartige intermediäre Gruppen tatsächlich in der Lage sind, einen sozialen Wandel zu realisieren und moderne Gesellschaften zu sozialistischen Gesellschaften zu verändern. Dieses erste Argument geht quer durch Mauss' Schriften über die Nation: Die Nation ist nicht der Staat, sondern sie hat sich gegen ihn entwickelt (Mauss 2017, 53). Die Internationalität ist das zweite Argument, das Mauss in Bezug auf die Nation vorbringt und ihn deutlich von Durkheim unterscheidet: Jede Gesellschaft entwickelt sich international, was nicht mit dem Kosmopolitismus zu verwechseln ist, womit Mauss die deregulierten Tätigkeiten von (Finanz)Kapitalisten meint. Das Problem der Währungs- und Schuldenkrise verdeutlicht dies in prägnanter Art und Weise. Eine Nation ist auf ihre internationale Umgebung angewiesen, denn nichts, was die inneren Angelegenheiten einer Gesellschaft betrifft, kann sich nur auf diese Gesellschaft allein beziehen. Alles, was sie betrifft, beeinflusst auch die Gesellschaften, die sie umgeben und mit denen sie unmittelbar oder mittelbar in Verbindung steht. Die Krise der französischen Währung nach dem Ersten Weltkrieg ist nicht nur das Ergebnis der Inflation und der schlechten Verwaltung der Staatsschulden. Sie ist das Ergebnis einer schlechten internationalen Politik.

Statt wie Durkheim mit dem Staat und dem Druck von intermediären Gruppen auf den Staat zu rechnen, um die moderne Gesellschaft zu reformieren, rechnet Mauss mit *nicht-staatlichen* Initiativen und Organisationen, deren Vorbild die (Konsum)Genossenschaften sind. Dabei ist er nicht der Einzige, der ein solches Argument unterstützt. Albert Thomas zum Beispiel, ein Freund von Mauss und Durkheim, engagiert sich ebenfalls in der Genossenschaftsbewegung, was ihn dazu führt, die *Internationale Arbeitsorganisation* (IAO) zu gründen. Selbst wenn die IAO eher zu einer intermediären Organisation weiterentwickelt wird

(Charbonnier und Desroche 1976, 98), bleibt sie doch den von Mauss mit den sozialistischen Genossenschaften verbundenen erzieherischen Merkmalen treu, die Maurice Colombain nach Thomas an der Leitung der IAO besonders lobend hervorhebt. Bereits in den 1950er Jahren macht Colombain die Genossenschaften zum Prinzip der Erziehung durch wirtschaftliches Handeln. Genossenschaften erziehen nicht nur zur Demokratie, sondern auch zur Demokratisierung der Wirtschaft, weil sie die Freiheit der Einzelinitiative mit einer möglichst direkten Beteiligung der Bürger an wirtschaftlichen Entscheidungen verbinden und zum Nutzen der Gemeinschaft bereitstellen (ebd., 103). Anhand von einer organischen Metapher – Genossenschaften sind, so Colombain, „nicht mehr nur Zellen, sondern Organe, notwendige Organe des demokratischen Gesellschaftskörpers" (ebd., 104) – stellt Colombain dar, dass Genossenschaften, wie von Mauss vorgeschlagen, föderal strukturiert werden sollten. Eine solche Föderation sollte nicht nur auf nationaler Ebene stattfinden, sondern auch international verbreitet werden. Seit dem Aufkommen der Genossenschaften in Frankreich und ihrer Förderung durch Charles Gide auf dem Kongress von Lyon (1886) ist der Internationalismus von Genossenschaften *en vogue*. Die Genossenschaftsbewegung unterscheidet sich jedoch von anderen Bewegungen, die eine Internationalisierung anstreben, wie etwa dem Marxismus, dem Kommunismus oder dem Sozialismus. Nach Gide besteht die Besonderheit dieses genossenschaftlichen Internationalismus darin, dass er eng mit den Ideen von Heimat und Nation verbunden bleibt: „Wem gehört das Vaterland? Macht man es zum Erbe der Bourgeoisie? Wollt ihr ihr, nachdem ihr ihr vorgeworfen habt, alle Güter dieser Welt zu monopolisieren, auch noch das Monopol auf all die unschätzbaren Güter überlassen, die das Wort ‚Heimat' verkörpert? [...] Nein! Wir wollen nicht, dass unsere Internationale sich anmaßt, unser Vaterland zu verleugnen. Wir halten die Unterscheidung zwischen den Nationen nicht für überflüssig" (ebd., 74). Für Gide ist der Rekurs aufs Vaterland nicht zu verwechseln oder gar gleichbedeutend mit Nationalismus. Im Gegenteil. Er unterscheidet vielmehr den Internationalismus der Genossenschaften, verstanden als Internationalismus der Nationen, vom Internationalismus der anderen Bewegungen. Mauss' Auffassung vom Internationalismus und von der Nation geht in eine ähnliche Richtung.

Nach Mauss symbolisiert „d[ie] Heimat bzw. d[as] Vaterland [...] alle Pflichten, die die Staatsbürger gegenüber der Nation und ihrem Grund und Boden besitzen" (Mauss 2017, 94). Er verbindet die Heimat bzw. das Vaterland mit dem Völkerrecht als Grundlage der Nation (ebd., 285). Ohne institutionalisiertes Völkerrecht, das dem Einzelnen Rechte an allen öffentlichen Gütern gibt, ist die Nation nur eine Idee und keine konkrete Realität. Dasselbe gilt für die Verbindung zwischen Heimat/Vaterland und Staatsbürger, „denn im Grunde genommen sind

4.2 Die Nation

die beiden Begriffe des Vaterlandes und des Staatsbürgers Auswuchs ein und derselben Institution, ein und derselben praktischen und ideellen moralischen Norm und in Wahrheit ein und derselben ausschlaggebenden Tatsache" (ebd., 94). Mit dieser Verbindung zwischen Heimat/Vaterland, Staatsbürger und Nation gelangt Mauss zu einer ersten Definition der Nation als Gesamtheit der Bürger und damit als Heimat: „In einem gewissen Grade ist die ganze Gesellschaft, die Gesamtheit aller Bürger zum Staat als souveräner politischer Körperschaft geworden. Genau dies nennt man Nation" (ebd., 94–95; siehe auch 56–57). Die Nation setzt mehrere Merkmale voraus, von denen jedoch vier von besonderer Wichtigkeit sind. Erstens ruht eine Nation auf einer ausreichend „integrierten" Gruppe von Staatsbürgern. Zweitens leben diese Bürger in einer mehr oder weniger demokratischen Ordnung mit individuellen Rechten. Drittens können sie diese Rechte besitzen und souverän ausüben, was ihnen das Gefühl der Zugehörigkeit zu einer Nation vermittelt, woraus sich in der Folge die nationale Souveränität ergibt. Und schließlich wird diese nationale Souveränität und damit die Nation so weit verbreitet, wie der „Nationalcharakter", d. h. das, was die Bürger einer Nation kennzeichnet, wie die gemeinsame Sprache, Moral und Zivilisation, verbreitet ist (ebd., 84; siehe auch 108). Diese vier Merkmale vertiefen wir im Folgenden.

Das erste Merkmal, das von Brubaker (siehe Brubaker 2005) gut hervorgehoben wurde, bezeichnet die Nation als integrierte Gruppe von Bürgern. Damit will Mauss sagen, dass eine Nation ein mehr oder weniger entwickelter Prozess innerhalb von Gesellschaften darstellt. Diese Entwicklung hängt davon ab, ob sich die Einzelakteure über das Kollektiv, das sie bilden, bewusst sind bzw. ob sie verstehen, dass sie ein Kollektiv bilden und diesem angehören. Dieses Bewusstwerden steigt umso mehr, als es weniger Vermittler zwischen den Einzelakteuren und dem Kollektiv gibt, was zur Verbreitung der Nation in der Gesellschaft beiträgt.

Das zweite Element dieser Definition ist die Demokratie im Sinne individueller Rechte, die die Einzelakteure besitzen und souverän ausüben können. Fournier und Terrier weisen darauf hin, dass sich „Mauss weniger für die Demokratie als für die Demokratisierung [interessiert]" (ebd., 38), wobei die Demokratisierung als die Verbreitung der nationalen Souveränität auf die Bevölkerung verstanden wird. In einer Nation geht es darum, dass so viele Bürger wie möglich von dieser Souveränität unterstützt werden und sie entsprechend weiter ausbauen. Nach Mauss haben die Sozialisten in den modernen Gesellschaften die Demokratisierung bzw. die „Emanzipationsbewegung von Nation und Bürger" (ebd., 333) gefördert, was zeigt, dass Mauss ein spezielles Verständnis von Demokratie besitzt, das nicht mit der bürgerlichen Demokratie, die aus der Französischen Revolution hervorgegangen ist, in eins zusammenfällt (ebd., 337). Es handelt sich auch nicht um die Arbeiterdemokratie der Marxisten oder der Kommunisten, die

Mauss nur als Teil seines Demokratieverständnisses betrachtet (ebd., 289 ff.). Mauss' Auffassung von Demokratie stimmt auch nicht mit der der Gewerkschaften überein, die oft nur eine auf einzelnen sozialen Klassen basierte Auffassung der Demokratie unterstützen, deren Interessen sie verteidigen. Schließlich handelt es sich auch nicht um die „direkte, unorganische Demokratie mit imperativen Mandaten, nicht haftenden Generalversammlungen, Überwachungsorganen" und „Schikanen" (ebd., 323). Die Demokratie, von der Mauss spricht, die „démocratie profonde" (Mauss 2018, 367; vgl. die entsprechende und leider unpassend übersetzte Stelle in der deutschen Übersetzung, 316), findet ihr Vorbild in der „Verbraucherdemokratie" (ebd., 313), die mittels der Konsumgenossenschaften entwickelt und verbreitet wird. Diese Verbraucherdemokratie bedeuten für Mauss „die Vorstellung einer Versicherung aller durch alle, jedes Einzelnen durch alle, die der Vorstellung von Demokratie zugrunde liegt und die ich die auf Wechselseitigkeit beruhende Demokratie nennen werde" (ebd., 288), wovon auch die Webbs, so Mauss, schon sprachen (ebd.). Nach Mauss berücksichtigt diese Art von Demokratie die Interessen der einzelnen Verbraucher und damit die gemeinsamen Interessen aller Bürger. Oder anders gesagt: Das Vorbild der Demokratie, das durch Konsumgenossenschaften eingeführt wird, dient dem allgemeinen Interesse, das Mauss als „Summe der Privatinteressen" (ebd., 326) versteht. Es führt zu einer Nation, die sowohl auf wirtschaftlicher als auch auf rechtlicher Ebene verwirklicht wird.

Tatsächlich fördert diese auf Wechselseitigkeit beruhende Demokratie nach Ansicht von Mauss die gegenseitige Stärkung sowohl der Wirtschaft als auch des Rechts: „Die Entwicklung des öffentlichen Rechts hängt nämlich von der wirtschaftlichen Lage der Gesellschaft ab und umgekehrt: Der Prozess, durch den sich die Nationen bildeten, war einerseits ein ökonomischer und andererseits zugleich ein moralisch-juristischer Prozess" (ebd., 91). Mauss spricht jedoch der Wirtschaft eine führende Rolle bei der Verwirklichung der Nation in den Gesellschaften zu. Die Wirtschaft habe sich vom Geschäft in den Städten befreit. Sie wurde auf die gesamte Gesellschaft verbreitet und stellt daher das Modellbeispiel dessen dar, was Mauss mit dem Terminus „Nationalisierungsprozess" bezeichnet und was er unter diesem Prozess verstanden wissen möchte (ebd.). Zwar ließe sich, so Mauss, behaupten, dass die modernen Gesellschaften wirtschaftlich voneinander unabhängig bleiben, weil jede Gesellschaft eine Art von Protektionismus bzw. „eine wahrscheinlich pathologische [...] Form" der nationalen Wirtschaft praktiziert (ebd., 92). Mauss sieht diesen Protektionismus aber gleichsam als eine notwendige Stufe der Wirtschaftsentwicklung, die alle Nationen durchlaufen müssen, um auf der internationalen Ebene weiterentwickelt zu werden. Eine solche Entfaltung und Ausgestaltung der Wirtschaft ausgehend von der nationalen

4.2 Die Nation

zur internationalen Ebene bildet für Mauss das Ideal, das alle Nationen gleichermaßen anstreben und verfolgen: „[es gibt] in Bezug auf Industrie, Ökonomie und Finanzen bereits ein Nationenideal und [...] dieses Ideal [ist] innerhalb der zivilisierten Menschheit bereits so weit verbreitet, dass die Nationen in dieser Hinsicht höhere Ansprüche an die anderen Nationen stellen als an sich selbst" (ebd., 217).

Der Internationalismus der Nation begünstigt ihre Selbstorganisation und ihre Autonomie im Spiel der internationalen Beziehungen mit anderen Nationen. Dabei kommt dem Kapitalismus trotz Mauss' scharfer Kritik eine Führungsrolle zu, weil er die Nationen diesem Ideal Schritt für Schritt näher bringt. Aber die zeitgenössische Form des Kapitalismus muss unbedingt überholt werden, weil die Nationen andernfalls die Stufe ihrer Internationalisierung nicht zu erreichen imstande sind. Entsprechend lässt sich diese Stufe der Internationalisierung nach Mauss nur realisieren, wenn ihre wirtschaftlichen Tätigkeiten und Tätigkeitsbereiche im Zeichen und vom Standpunkt einer kollektiven Verwaltung von Wirtschaftsgütern und Dienstleistungen entwickelt werden (ebd.). Eine solche Entwicklung würde nicht nur die Wirtschaft stärken, sondern auch zur Stärkung des Rechts maßgeblich beitragen.

Die wechselseitige Einflussnahme zwischen Wirtschaft und Recht bedeutet jedoch auch, dass in denjenigen Nationen, wo die wirtschaftliche Entwicklung schwach ausgebildet ist, auch das öffentliche und das private Recht sowie das Völkerrecht, welches aus Sicht von Mauss von besonderer Wichtigkeit ist, weil es für ihn „die Idee einer von den Nationen gebildeten egalitären Gesellschaft" symbolisiert (ebd., 201), schwach bleiben. Deshalb muss auch das Recht in Form des Völkerrechts weiterentwickelt werden, damit sowohl das öffentliche als auch das private Recht der Nationen Fortschritte machen. Ein solcher Fortschritt setzt „die Preisgabe des Begriffs des souveränen Staates voraus" (ebd., 339), um die Verwaltung der wirtschaftlichen und rechtlichen Angelegenheiten und damit die Verwaltung von Verträgen und Rechten in die Hände der „Verbraucher" bzw. der in Genossenschaften organisierten Verbraucher zu legen (ebd.). Unter dem Einfluss des wirtschaftlichen Fortschritts bei der Überwindung des Kapitalismus einerseits und des rechtlichen Fortschritts bei der Entwicklung des privaten und öffentlichen Rechts sowie des Völkerrechts andererseits können also nach Mauss die zeitgenössischen Gesellschaften als Nationen verwirklicht werden.

Eine solche Verwirklichung bezeichnet Mauss mit den Begriffen „Internationalismus" oder „Inter-Nation", womit er „die Bewegung" apostrophiert, „[die] die Vereinigung der Nationen [anstrebt]" und nicht etwa, wie Mauss ausdrücklich hinzufügt, „ihre Zerstörung" (ebd., 342). Zwar hat die Nation Grenzen, die Mauss durch die Erwähnung symbolischer (Sprache, Bräuche) und institutioneller oder organisatorischer Merkmale (Künste, Techniken, Industrien) klar definiert.

Nichtsdestotrotz ist die Nation aber auch als eine Bewegung zu verstehen, weil sie sich stets in Wechselbeziehungen zu anderen Nationen befindet. Die Aufrechterhaltung dieser Beziehungen erfolgt durch „eine Menge sozialer Kräfte, die danach streben, das Zusammenleben der Gesellschaften praktisch und moralisch zu regeln" (ebd., 342–343), d. h. durch die Bürger, die die „Verbraucher" der Nation sind. Entsprechend ist die Nation in der Interdependenz der Nationen für Mauss nur dann vollständig verwirklicht, wenn ihre Bürger sie nach den genossenschaftlichen Prinzipien nutzen. In diesem Sinne stellt die Nation also keineswegs eine utopische Realität dar, sondern vielmehr eine zeitgenössische Tatsache im Werden: „Politisch und moralisch noch wichtiger ist, dass diese wechselseitige Abhängigkeit von den Völkern selbst erkannt, empfunden und gewollt wird. Die Völker hegen ganz klar den Wunsch, dass dieser wechselseitigen Abhängigkeit gesetzlich, in einem kodifizierten, sanktionierten, öffentlichen und privaten Völkerrecht Ausdruck verliehen wird. In diesem Punkt sind die Völker ihren Führungen voraus" (ebd., 344).

Das Ende des Ersten Weltkriegs und die Gründung des Völkerbunds im Rahmen des Versailler Vertrags im Jahr 1919 zeigt nach Mauss deutlich, dass die Entwicklung der Nation in den zeitgenössischen Gesellschaften mit der Motivation der Bürger rechnen kann, die nicht mehr den Krieg wollen, sondern sich für Frieden, gegenseitigen Austausch und gegenseitige Unterstützung aussprechen. Aber nicht nur die Ablehnung des Krieges begründet eine solche Motivation seitens der Bürgerschaft. Die vom Sozialismus initiierten sozialen Bewegungen und selbst der Marxismus sowie der Kommunismus haben zudem die Grundlage für die Entstehung dieser Motivation bereitgestellt, indem sie zur Organisation der Arbeiterklasse und zur Aufklärung der Arbeiter entscheidend beigetragen haben (vgl. etwa ebd., 316). Die sozialen Bewegungen und unter ihnen insbesondere die Arbeiterbewegungen, haben den Weg für ein Bewusstsein des Kollektivs gebahnt, das auf alle Akteure der Gesellschaft unabhängig von ihrer Klassenzugehörigkeit oder Herkunft offen war und so über die gesamte Gesellschaft hinweg Verbreitung fand. Die Nation und ihre internationale Reichweite entstehen daraus bzw. sie entstehen aus diesen sozialen Bewegungen von unten, ausgehend von den unprivilegierten sozialen Gruppen der Gesellschaft.

4.3 Schlusswort

Mauss' normative Schriften und sein Werk *La nation* beschreiben insgesamt die Einschreibung des Kollektivs in das Individuum durch Erziehung und Sozialisation. Diese Sozialisation begünstigt die Emanzipation des Individuums und des

Kollektivs im Sinne gegenseitiger Wechselbeziehungen und gegenseitiger Unterstützung zwischen Akteuren bzw. zwischen Nationen. Diese Wechselbeziehungen zwischen Einzelakteuren und Kollektiven bilden eines der Hauptmerkmale, die Mauss' wissenschaftliches und politisches Vorhaben eint. In seinen normativen Schriften und in *La nation* wird dieses Merkmal wie folgt präzisiert: Sozialistische Genossenschaften unterstützen und organisieren diese Wechselbeziehungen am besten. Sie sind deshalb eine glaubwürdige, praktische Alternative zu den verschiedenen Arten des Sozialismus in Form von in Verbänden organisierten Konsumgenossenschaften auf nationaler und internationaler Ebene. So spiegelt die Nation strukturell die Organisation einer genuin sozialen Gesellschaft wider, in die alle Gesellschaften münden. Seit der Englischen, Amerikanischen und der Französischen Revolution und seit der Entwicklung von demokratischen Gesellschaften ist die Nation konkreter geworden. Es gehört zu den Aufgaben von Gesellschaften nach dem Ersten Weltkrieg, diesen Prozess nun zu vervollständigen. Die Tatsache, dass nach Mauss die Nation in unseren Gesellschaften unvollendet bleibt, bedeutet, dass unsere Gesellschaften immer noch nach einer sozialen Form suchen, die die Einschreibung des Kollektivs in das Individuum ermöglicht und verbessert. Dies kann nur durch die Überwindung des Kapitalismus in der Wirtschaft und durch die Stärkung des Völkerrechts im Bereich des Rechts erreicht werden. Ohne eine solche vollständige Konkretisierung der Nation sind Krisen und Konflikte innerhalb und zwischen Gesellschaften unvermeidlich und führen auf mikrosozialer Ebene zur Gefährdung der Vergesellschaftung von Einzelakteuren mit Kollektiven, was unweigerlich die Fortdauer von sozialen und kulturellen Ungleichheiten zwischen Akteuren, Kollektiven, Gesellschaften und Kulturen zur Folge hat, die statt gemeinsamer Interessen nur noch eigene Interessen verteidigen. Sind unsere Gesellschaften in der Lage, eine solche Form des Zusammenlebens zu entwickeln, oder muss man vielmehr davon ausgehen, dass sich den Gesellschaften diese Form des Zusammenlebens entzieht, wie Mauss vor allem mit Blick auf das Aufkommen des Faschismus in Italien und das national-sozialistische Regimes in Deutschland um die 1930er Jahre befürchtet?

Literatur

Bourgin, G. 1950. „Le sociologue Marcel Mauss". *La revue socialiste* 35: 220–27.
Brubaker, R. 2005. „La communauté est-elle l'espace du don? De la relation, de la forme et de l'institution sociales (2ème partie)". *Revue du MAUSS* 25: 339–65.
Callegaro, F. 2021. „The Gift of The Nation. Marcel Mauss and the Intersocial Turn of Sociology". *Durkheimian Studies* 25: 49–77.

Charbonnier, C.-L., und S. Desroche. 1976. „L'espérance française d'un internationalisme coopératif". *Archives internationales de sociologie de la coopération et du développement* 39: 61–105.

Chiozzi, P. 1983. „Marcel Mauss: Eine anthropologische Interpretation des Sozialismus". *Kölner Zeitschrift für Soziologie und Sozialpsychologie* 35: 635–79.

Fournier, M. 1997. *Marcel Mauss. Ecrits politiques*. Paris: Fayard.

Fournier, M. 2004. „Mauss et ‚la nation', ou l'oeuvre inachevée". *Sociologie et sociétés* 36 (2): 207–25.

Fournier, M. 2007. *Emile Durkheim 1858-1917*. Paris: Fayard.

Hart, K. 2014. „Marcel Mauss's economic vision, 1920-1925: Anthropology, politics, journalism". *Journal of Classical Sociology* 1 (14): 34–44. https://doi.org/10.1177/146879 5X13494716.

Hubert, H. 2021. „446. Hubert à Mauss. Lettre datée du 21 décembre 1925". In *Henri Hubert et Marcel Mauss. Correspondance (1897–1927)*, hrsg. v. R. F. Benthien, Ch. Labaune, und Ch. Lorre, 530–33. Paris: Classiques Garnier.

Karsenti, B. 2010. „Une autre approche de la nation: Marcel Mauss". *Revue du MAUSS* 36 (2): 283–94.

Mallard, G. 2011. „,The Gift' Revisited: Marcel Mauss on War, Debt, and the Politics of Reparations". *Sociological Theory* 29 (4): 225–47.

Mallard, G. 2019. *Gift Exchange: The Transnational History of a Political Idea*. Cambridge: Cambridge University Press.

Mauss, M. 2017. *Die Nation, oder Der Sinn fürs Soziale*. Frankfurt/New York: Campus.

Mauss, M. 2018. *La nation ou le sens du social*. Paris: Presses Universitaires de France.

Schlanger, N. 2006. „Introduction. Technological Commitments: Marcel Mauss and the Study of Techniques in the French Social Sciences". In *Techniques, technology and civilisation*, hrsg. v. N. Schlanger, 1–29. New York: Berghahn Books.

Schüttpelz, E. 2002. „Der Fetischismus der Nationen und die Durchlässigkeit der Zivilisation. Globalisierung durch technische Medien bei Marcel Mauss (1929)". In *Beiträge zur Archäologie der Medien*, hrsg. v. S. Andriopoulos und B. J. Dotzler, 158–72. Frankfurt am Main: Suhrkamp.

Tarot, C. 2003. *Sociologie et anthropologie de Marcel Mauss*. Paris: La Découverte.

Verderame, D. 2014. „The ‚Social' as Reciprocity: Marcel Mauss and the Idea of Nation". In *Classical Sociology Beyond Methodological Nationalism*, hrsg. v. M. Pendenza, 117–51. Leiden: Brill.

Vibert, S. 2005. „La communauté est-elle l'espace du don? De la relation, de la forme et de l'institution sociales (2ème partie)". *Revue du MAUSS* 25: 339–65.

Zur Rezeption und Aktualität von Marcel Mauss

5

Die Frage nach der Aktualität von Marcel Mauss hängt eng mit der Rezeptionsgeschichte seines Werkes zusammen. Diese Geschichte wiederum wurde stark von dem Umstand geprägt, dass Mauss ein *Durkheimien*, gleichzeitig aber auch mehr als ein *Durkheimien* war, da er nicht nur die Entwicklung der Ethnologie und der Soziologie in Frankreich entscheidend geprägt hat, sondern ebenso Forscher:innen aus weiteren sozial- und geisteswissenschaftlichen Disziplinen wie etwa der Geschichte, den Religionswissenschaften oder den Wirtschaftswissenschaften sowohl in Frankreich als auch international zu neuen Überlegungen inspiriert hat. Auch wenn sich nicht alle Hypothesen und Begriffe von Mauss – nicht zuletzt aufgrund der Sprachbarriere – in der Zeit behauptet haben, treiben seine zentralen Themen, darunter insbesondere die Gabe aus seinem *Essai sur le don*, die zeitgenössische wissenschaftliche Diskussion nach wie vor voran. In diesem Kapitel zeichnen wir nach, welche Akteure und Forschungsbereiche Mauss rezipiert haben, und zeigen, wie deren Arbeit *mit* und *an* Mauss' Werk zur Bildung neuer Ansätze in den Sozialwissenschaften beigetragen hat. Wir beginnen mit der Soziologiegeschichte. Dabei soll zuerst sichtbar werden, wie die Berücksichtigung einer vermeintlichen Nebenfigur wie Mauss, die an der Seite des sogenannten Gründervaters der französischen Soziologie Émile Durkheim gearbeitet hat, die Entwicklung und das Verständnis der französischen Soziologie im Allgemeinen und der Durkheim-Gruppe im Besonderen bereichert hat. Wir gehen dann zu der Rezeption und der Aktualität der Hauptthemen des Mauss'schen Werkes über und wenden uns hierbei insbesondere der Thematik der Gabe zu, die bis heute das prominente und zugleich unumstößliche Zentrum der in den Sozialwissenschaften geführten Debatten um Mauss bildet.

5.1 Mauss und die Soziologiegeschichte

War Mauss ein *Durkheimien* und ein Ethnologe? Angesichts von Mauss' Biographie und insbesondere seines häufig strapazierten Verhältnisses zu Durkheim drängt sich diese Frage, die Boudon ganz ähnlich formuliert (Boudon 2011), geradezu auf (vgl. Gane 1984). Mauss engagiert sich zwar an der Seite Durkheims, zeigt aber gleichzeitig eine kontinuierliche Distanz zu seinem Onkel hinsichtlich dessen Verständnis von Soziologie und ihrer zentralen Begriffe. Diese Distanz war der Anlass für bio-bibliographische und historisch orientierte Studien, die weit über das Verhältnis von Durkheim und Mauss hinausgingen und sowohl das komplexe Beziehungsgeflecht zwischen französischen Soziologen als auch die vielschichtigen Verbindungen zwischen der französischen Soziologie und anderen soziologischen Theorietraditionen aufgedeckt haben.

Diese Entwicklung beginnt mit Steven Lukes' Biographie von Émile Durkheim (Lukes 1973), in der Lukes das Ziel verfolgt, die Hauptthemen und die einschlägigsten Begriffe der Soziologie Durkheims biografisch zu kontextualisieren und vor diesem Hintergrund unmissverständlich zu erklären. Diese Arbeit, die bis an die Substanz von Durkheims Denken vordringt, trägt nicht nur zum Verständnis der Soziologie Durkheims bei, sondern klärt auch über das Verhältnis der unterschiedlichen soziologischen Strömungen um Durkheim und seine Gruppe auf. Terry Clark greift diese Arbeit in seiner Studie zur französischen Soziologie wieder auf. Er zeigt, dass die Durkheim-Schule neben den empirischen und den statistisch orientierten sozialen Studien in der Nachfolge Frédéric Le Plays (heute weiterhin im Rahmen der Zeitschrift *Les Etudes sociales* von Antoine Savoye aktiv) und dem internationalen Ansatz von René Worms um das *Institut International de Sociologie* (die zur Gründung der zeitgenössischen *International Sociological Association* führte) um 1900 eine der drei Hauptströmungen der französischen Soziologie darstellt (Clark 1973). Die Arbeiten von Lukes und Clark tragen nicht nur zu einem besseren Verständnis der Bedeutung der *Durkheimiens* bei, sondern klären mindestens ebenso sehr über die Kernthemen der französischen Soziologie auf. So beschäftigen manche Themen sowohl die *Durkheimiens* als auch andere französische Soziologen (etwa das Recht, die Frage der Solidarität und der sozialen Kohäsion), während wiederum andere Themen erstmals und ausschließlich von den *Durkheimiens* aufgegriffen und eingehend untersucht werden (etwa die Religion als Matrix der sozialen Tatsachen oder die Wissenssoziologie; vgl. dazu Schick, Schmidt, und Zillinger 2022). Diese Arbeiten machen deutlich, dass die französische Soziologie nicht von Durkheim und den *Durkheimiens* allein entwickelt wurde, sondern von verschiedenen Gruppen, die sich mal mehr, mal weniger stark verändert haben, und zwischen denen ein mehr oder

5.1 Mauss und die Soziologiegeschichte

weniger regelmäßiger Austausch stattgefunden hat. Dieses umfassende Verständnis der französischen Soziologie als einer Gruppenleistung wurde im Anschluss weiterführend über die Studien von Philippe Besnard (vgl. etwa Besnard 1979, 2003) und Johann Heilbron (für eine Zusammenfassung seiner Ansichten seit den 1980 Jahren, vgl. Heilbron 2015) sowie die Bücher von Jean-Claude Filloux (Filloux 1977) und Bernard Lacroix (Lacroix 1981) weiter ausdifferenziert und vertieft. Besnard bspw. hat insbesondere das Konkurrenzverhältnis zwischen diesen unterschiedlichen Gruppen thematisiert, das in manchen Fällen – man denke an das Verhältnis von Durkheim und Gabriel Tarde – in persönlichen Machtkämpfen mündete. Aus Machtkämpfen dieser Art gingen Durkheim und die *Durkheimiens* nicht immer als Gewinner hervor, geschweige denn, dass sie in solchen Auseinandersetzungen stets die Oberhand behielten. Besnard verdanken wir ebenfalls die zentrale Rolle, die der Zeitschrift *L'Année Sociologique* für die Entwicklung des soziologischen Vorhabens Durkheims und der *Durkheimiens* zukommt, hervorgehoben zu haben. Entsprechend fungierte die Zeitschrift nicht nur als eine Art Denkfabrik, sondern sie diente zugleich auch als Motor der akademischen Institutionalisierung der Soziologie in Frankreich. Anhand der in der *L'Année Sociologique* erschienen Beiträge lässt sich zudem die außerordentliche Bedeutung, die von Mauss' Arbeit für Durkheim und für die *Durkheimiens* ausging, besonders gut beleuchten und nachzeichnen.

Im Kontext der Rekonstruktion des Erscheinungsbildes der französischen Soziologie in der Frühphase der Akademisierung und Institutionalisierung an den Universitäten Frankreichs liefert Besnard ein Fundament, das von nachfolgenden Wissenschaftlern und Wissenschaftlerinnen aufgegriffen und weiter ausgebaut werden konnte. So wurden auf der einen Seite von Massimo Borlandi, Philippe Steiner und ihren Mitarbeitern soziologiehistorische Betrachtungen angestrengt, die sich verstärkt mit dem Verhältnis Durkheims und der *Durkheimiens* zu anderen soziologischen Traditionen, insbesondere in Bezug auf die deutsche Sozialphilosophie und die Wirtschaftswissenschaften, beschäftigt haben (vgl. Borlandi und Mucchielli 1996; Borlandi und Cherkaoui 2000; Steiner 2005). Diese Arbeiten schließen unmittelbar an den Ansatz Besnards an, der für die Etablierung einer Ideengeschichte der Durkheim-Schule plädiert, die dem Ziel verpflichtet ist, unter Verwendung historischer Untersuchungen des Faches und unter stetigem Rekurs auf die Geschichte der Soziologie eine Korrektur der soziologischen Theorien vorzunehmen. Im Kanon des ideengeschichtlichen Ansatzes von Besnard hat Marcel Fournier auf der anderen Seite biographische Analysen der Personen aus der Durkheim-Gruppe vorgelegt, in denen er auch auf die Entwicklungsgeschichte der unterschiedlichen Institutionen in Frankreich und im Ausland, mit denen Durkheim und die *Durkheimiens* verbunden waren, eingeht (Fournier 1994,

2007; vgl. dazu Collins 2014). Auf dieser Grundlage wiederum sind voluminöse Biographien zu Mauss und Durkheim entstanden, die sowohl die Stärke beider Protagonisten ins Zentrum rücken als auch ihre Zweifel und Verwundbarkeiten thematisieren. Aus den Biographien zu Mauss geht insbesondere hervor, dass die Mitarbeiter Durkheims keineswegs eine Gruppe von Fanatikern waren, sondern vielmehr eine Gruppe von Akteuren, die in Durkheim zwar eine starke Führungspersönlichkeit fanden, dessen soziologisches Anliegen jedoch nicht bedingungslos und uneingeschränkt unterstützten. Die *Durkheimiens* und allem voran Mauss waren zudem stets in die Belange der *L'Année Sociologique* involviert, nicht zuletzt als es um die Frage ging, ob sie die Arbeit an *L'Année* fortsetzen möchten. Besonders nach dem Ersten Weltkrieg kritisiert Mauss einige Vorstellungen Durkheims wie etwa zum Totemismus oder zum Solidaritätsbegriff und verwehrt sich dagegen, dass die französische Soziologie mit der Durkheim-Schule zu identifizieren sei. Zwar spielt für Mauss die Durkheim'sche Soziologie weiterhin eine wichtige Rolle. Gleichzeitig gelte es aber ebenso, diese in Richtung anderer soziologischer Denkströmungen in Frankreich zu öffnen und im Zuge dessen die Soziologie als Ganzes sowohl zu internationalisieren als auch zu professionalisieren. Dieser Einsicht trägt auch die Mauss-Biographie von Fournier Rechnung, der Mauss als Erbe Durkheims würdigt, gleichsam aber auch darauf insistiert, dass sich Mauss' Leben und Werk längst nicht nur auf diesen Aspekt reduzieren lässt, was ebenfalls der vor kurzem veröffentliche Briefwechsel zwischen Henri Hubert und Mauss dokumentiert (vgl. Benthien, Labaune, und Lorre 2021).

Diese neuen Blickwinkel auf die Soziologie von Durkheim, Mauss und den *Durkheimiens* haben auch zu neuen Perspektiven auf andere Akteure geführt. So rückten erstens Personen in den Fokus, die wie Mauss Teil der Gruppe um Durkheim waren, wie etwa Célestin Bouglé, François Simiand oder Gaston Richard. Zweitens gerieten verstärkt Wissenschaftler in den Blick, die die Aufmerksamkeit Durkheims und Mauss' auf sich gezogen haben, wie z. B. die Völkerpsychologie um Wilhelm Wundt (vgl. di Donato 1996; Rol 2012) und drittens wuchs das wissenschaftliche Interesse an Akteuren, die die Arbeit von Mauss rezipiert und weiterentwickelt haben, wie etwa Roger Bastide oder Georges Balandier (vgl. Duvignaud 1974; Conklin 2002), selbst wenn letztere manchmal – wie das Beispiel des *Collège de Sociologie* zeigt (Moebius 2006) – in Mauss' Ideen eine andere Bedeutung erkennen und sich dadurch teilweise vom Werk Mauss' entfernen. Vor diesem Hintergrund ist klar ersichtlich, dass die Soziologen, die sich Mauss' Kernthemen zuwenden und diese aufzugreifen versuchen, jeweils andere Akzente und Schwerpunkte setzen.

5.2 Rezeption und Aktualität von Mauss' Themen und Konzepten

Unter den weniger stark rezipierten Themen, mit denen sich Mauss beschäftigte, befinden sich seine Überlegungen zum Strafrecht einerseits und zum Gebet andererseits. Die Gründe, warum diese Forschungsgebiete von Mauss weniger Aufmerksamkeit auf sich zogen, lassen sich in dem Umstand vermuten, dass die Frage des Strafrechts, wie sie Mauss am Beispiel einer Rezension zum Werk von Rudolf Seebald Steinmetz über den Ursprung des Strafrechts behandelt (Moebius 2012), die Überlegungen Durkheims zu diesem Thema aus seiner soziologischen Dissertationsschrift *Über soziale Arbeitsteilung* (1893) aufgreifen und fortführen (Karsenti 2004). Dieser Zugang erlaubt es Mauss jedoch, eine Unterscheidung zwischen der blutigen Rache und dem öffentlichen Strafrecht einzuführen und in der Folge zu untermauern. Wie Mauss gegen Steinmetz argumentiert, hat das Strafrecht seinen Ursprung nicht etwa in der Rache im Sinne von privaten Kriegen zwischen Individuen, sondern, in Anlehnung an Durkheims Ausführungen zum Strafrecht, in der Religion. In diesem Zusammenhang hebt Mauss die Verbindung zwischen dem Opfer und dem Recht hervor; eine Verbindung, die, selbst wenn er sie nur in einem gewissen Maße vertieft, auch in seinen Überlegungen zur Gabe stets präsent ist. Die Verbindung zwischen Opfer und Recht inspirierte in der Folge eine Reihe weiterer Analysen, wobei an dieser Stelle besonders auf René Girard hinzuweisen ist, den Mauss' Überlegungen mittelbar zu Untersuchungen über die Figur, die Bedeutung und die Wirkmechanismen des Sündenbocks als einer mehr oder weniger formellen Institution aller Gesellschaften animiert haben (Girard 1972, 1978, 1982) – im Falle gravierender Bedrohungslagen zügelt der institutionalisierte Sündenbock bzw. der/die zum Sündenbock Auserkorene/n die soziale Gewalt einer gefährdeten Gesellschaft, wodurch die Gewalt aus der Gesellschaft entschwinden kann und ihre Kohäsion durch die so erfolgte Abwendung des Übels nicht länger gefährdet ist. Die von Mauss durchgeführten Studien zum Strafrecht und zum Recht inspirierten jedoch nicht erst in der zweiten Hälfte des 20. Jahrhunderts zu weiterführenden Untersuchungen. Im Gegenteil, denn diese Studien in der Auffassung der Durkheim-Gruppe wurden bereits zu Mauss' Lebzeiten sowohl von Durkheim selbst als auch anderen Akteuren aus der Gruppe der *Durkheimiens* wie etwa Paul Fauconnet weiterentwickelt (vgl. etwa Poncela 1977; Carbonnier 1978; Noreau und Arnaud 1998; Chazel 2000). Ferner lassen sich im Anschluss an Mauss' Theorie des Gebets, insbesondere im Bereich der Sozialanthropologie, Versuche ausmachen, neuerliche Untersuchungen zu mündlichen Riten anzustoßen und aufzunehmen, auch wenn einige Autoren dabei ein

Stück weit von Mauss Abstand nehmen, da sein Text zum Gebet unvollständig geblieben ist, und entsprechend andere (pragmatische, konstruktivistische) Ansätze bevorzugen (vgl. etwa Headley 1994; Deremetz 1994; Boursin 2017). Neben dem Strafrecht und dem Gebet einerseits und dem viel beachteten Themenschwerpunkt der Gabe andererseits, zu dessen Rezeption wir unten kommen werden, gibt es im Werk von Mauss gleichwohl weitere weniger prominente Themen und Subthemen, die insbesondere von seinen ehemaligen Studierenden rezipiert und verbreitet wurden.

Hierzu zählen vor allem Mauss' Schriften zum Sakralen, die noch zur Zeit von Mauss im Rahmen des *Collège de Sociologie* primär von Roger Caillois aufgenommen werden, dessen Auseinandersetzung mit Mauss sich allerdings dadurch auszeichnet, den Bedeutungsgehalt des Sakralen im Vergleich zu Mauss umgestaltet zu haben. So ist nach dem Verständnis der *collégiens* fast alles im gesellschaftlichen Leben sakral und die Unterscheidung zwischen dem Sakralen und dem Heiligen, die für Mauss wichtig war, um den wissenschaftlichen Charakter der soziologischen Untersuchung religiöser Phänomene zu unterstreichen, geht im Zuge der Vermischung von ethnologischen, soziologischen und philosophischen Ansätzen der Anhänger des *Collège* zumeist verloren (Moebius 2006). Während Caillois insbesondere den Begriff des Sakralen überbetont, hebt Bataille in Anlehnung an Mauss' Überlegungen zur Großzügigkeit der Gaben und zum Opfer den Begriff der Verausgabung hervor (Marcel 2003). Damit entfernt sich jedoch auch Bataille von Mauss, da es sich Bataille zufolge bei der Gabe und der Opferlogik um deutlich mehr als „nur" religiöse Rituale und Verpflichtungen handelt, die zudem, wie auch Mauss hervorhebt, nach wie vor das gesellschaftliche Leben bestimmen. In dieser Lesart Batailles vergegenwärtigt sich sowohl in der Gabe als auch im Opfer eine natürliche Tendenz der Gesellschaften, im Übermaß zu produzieren und in hemmungslosem Überfluss zu leben sowie mit vollen Händen alles zu geben. Es wird also immer mehr gegeben, als empfangen wird und zwar dem Motto folgend, dass, wer verliert, gewinnt. Daher gelte es, die Theorie von Mauss aus ihrem rationalistischen Korsett zu befreien und in Richtung einer allgemeinen Ökonomie abseits vom modernen Nützlichkeitsdenken und der kapitalistischen Ökonomie neu zu entwickeln. Dies ermögliche eine Untersuchung der modernen Gesellschaften vom Standpunkt ihrer Handhabung des *part maudite*, wie Bataille 1949 die übermäßige Energieproduktion aller menschlichen Gesellschaften beschreibt (vgl. Bataille 2000). Die verschiedenen Veränderungen des Werkes von Mauss und mithin seines Erbes (Olson 2002) lassen einige der *collégiens* nicht gleichgültig. Michel Leiris oder Alfred Métraux empfinden derartige Transformationen von Mauss' Gedanken ganz und gar als

5.2 Rezeption und Aktualität von Mauss'...

Verrat, was zu einer Reihe verschärfter Konflikte zwischen den Protagonisten des *Collège* führen sollte (vgl. Moebius 2006).

Auch unabhängig vom *Collège de sociologie* werden weitere von Mauss' behandelte Subthemen aufgegriffen und weiterentwickelt. So etwa in der Sozialanthropologie, aus der heraus sich Bastide dem Ritual der *candomblé* widmet, dessen Entstehung auf die Zusammenstellung von Elementen der Voodoo-Magie und der afroamerikanischen Religionen zurückgeht, oder im Bereich der Protosoziologie des Körpers, der Körpertechniken und des Theaters, in dessen Kontext wiederum Jean Duvignaud auf Mauss' Gedankengänge in den Essays *Les techniques du corps, Une catégorie de l'esprit humain: la notion de personne, celle de ‚moi'* und *Essai sur le don* rekurriert (Le Breton 2004). Ferner ließe sich auch das Werk *Homo Ludens* von Johann Huizingas anführen, indem Huizingas zwar Roger Caillois' These zum Spiel übernimmt und weiter ausgearbeitet (Di Filippo 2014), für diesen Zusammenhang aber gleichsam auch das agonistische Merkmal des Gabentauschs von Mauss fruchtbar macht, welches er insbesondere in den unterschiedlichen, von ihm untersuchten Spieltätigkeiten beobachtet – es wird nicht nur deshalb gespielt, weil es Spaß macht, sondern vor allem auch, weil jedes Spiel in Korrespondenz zum Gabenaustausch eine Herausforderung voraussetzt, weshalb letztlich jedes Spiel immer mit einer gewissen Ernsthaftigkeit gespielt wird (Caillé 2013).

Neben den primären und sekundären Forschungsthemen der Soziologie Mauss', die sowohl in Anlehnung als auch in Kontrast zu ihm einige Arbeiten in den Sozialwissenschaften inspiriert haben, gilt es nun, die Rezeption einschlägiger Begriffe und Konzepte ins Zentrum zu rücken, die Mauss in die Soziologie eingeführt hat und die ebenfalls von an ihn anschließenden Soziologen übernommen und weiterentwickelt wurden. Das berühmteste Beispiel hierfür, insbesondere innerhalb der Soziologie, ist wahrscheinlich der Begriff der kollektiven Gewohnheiten *(habitudes collectives)*, den Bourdieu als Grundlage seines Habitus-Begriffs verwendet (Bourdieu 1972). Weniger bekannt ist die Übernahme des Begriffes der *fait social total* durch Georges Gurvitch, der diesen in *phénomène social total* überführt, als er in den 1930er Jahren in Frankreich versucht, die Durkheim'sche Soziologie mit der Phänomenologie und dem Personalismus zu verbinden, um eine neue Soziologie der Soziabilität zu entwickeln (Gurvitch 1935). Mehr als die Er- und Ausarbeitung von Begriffen hat Mauss die Weiterentwicklung und Verfeinerung von methodologischen und erkenntnistheoretischen Werkzeugen in den Geistes- und Sozialwissenschaften gefördert und mithin beschleunigt. Dies betrifft in besonderem Maße die weitere Entwicklung der Ethnologie und der Sozialanthropologie nach dem Zweiten Weltkrieg. Im Rahmen dieser Disziplinen wird zum einen unter Bezugnahme auf Mauss die Aufmerksamkeit für Relikte alter Kulturen und deren Bewahrung in unseren zeitgenössischen Kulturen und Gesellschaften gestärkt und weithin gefördert. Besonders in den Schlussbetrachtungen seines *Essai sur le don* betont Mauss die Bedeutung dieser kulturellen Relikte für das Verständnis der modernen Gesellschaften. In diesem Zusammenhang gibt er auch seine Vorliebe für die englische Ethnologietradition des *Folklore* zu erkennen, deren Ansatz vom Fortwirken der Vergangenheit in der Gegenwart Mauss zur Unterstützung und Vertiefung seiner Schlussfolgerungen zum Gabentausch heranzieht. Zum anderen wird Mauss in diesen Disziplinen als Vorläufer des Strukturalismus verstanden und rezipiert (Lévi-Strauss 2012), obwohl sich Mauss weniger auf die Struktur der Sprache konzentriert, als vielmehr auf die unterschiedlichsten religiös-materiellen und immateriellen Gegenstände, die ihm als Grundlage des von ihm entwickelten Strukturverständnisses dienen bzw. ein Netzwerk von Verhältnissen berücksichtigen, die für ihn die Struktur einer Gesellschaft und ihrer Kultur sowohl bilden als auch widerspiegeln. Schließlich unterstreicht Mauss die Bedeutung der vergleichenden Methode in den Sozialwissenschaften – so etwa in seinem *Manuel d'ethnographie* (Handbuch der Ethnographie) –, die im Anschluss an die von Mauss unternommenen Anstrengungen zum festen Bestandteil des geistes- und sozialwissenschaftlichen Repertoires werden sollte. Jedes dieser Themen, Subthemen und Unterthemen sowie die von ihm ausformulierten Begriffe und Erkenntnisinstrumente, werden von Mauss in seinem *Essai sur le don* untergebracht und sind gleichfalls prominent darin platziert, weshalb wir nun ausführlich auf die Rezeption und die Aktualität jener Querverbindungen in der Gabetheorie im Besonderen und der Gabethematik im Allgemeinen eingehen werden.

5.3 Die Gabe

Das *Essai sur le don* stellt einen unverzichtbaren Referenzpunkt für Arbeiten dar, die in verschiedenen wissenschaftlichen Disziplinen im Bereich der internationalen Forschung dem Phänomen der Gabe gewidmet sind. Dies rechtfertigt sich nicht zuletzt damit, dass es Mauss in seinem *Essai* gelungen ist, nicht nur die Ergebnisse der ethnographischen Forschung seiner Zeit, die sich mit den Gabepraktiken beschäftigen, zusammenzufassen, sondern diese Ergebnisse gleichsam sowohl in historischer als auch in interkultureller Hinsicht zu kontextualisieren. Entsprechend entfaltet Mauss in seinem *Essai* die Erkenntnis, dass die Gabe kein anekdotisches Einzelphänomen der indoeuropäischen Gesellschaften ist. Vielmehr gibt es in allen menschlichen Kulturen auf den fünf Kontinenten des Erdballs Gabepraktiken, die Verpflichtungen und Reziprozitäten zwischen Akteuren und sozialen Gruppen fördern und zugleich erfordern. Der *Essai* legt damit nahe, dass es sich bei den Tauschpraktiken der alten Gesellschaften nicht grundsätzlich um wirtschaftliche Praktiken, sondern mindestens ebenso sehr um Gabepraktiken respektive um juristische, religiöse, familiale, politische, morphologische und ästhetische Praktiken handelt (Mauss 1999; vgl. auch Schüttpelz 2014). Im Laufe der gesellschaftlichen Entwicklung werden diese Gabepraktiken jedoch von der Entwicklung wirtschaftlicher Austauschpraktiken nach und nach unterminiert und verdrängt, weshalb sie in unseren modernen Gesellschaften nicht mehr den Kern aller Austauschpraktiken bilden, sondern zu einem Randphänomen degradiert worden sind. Ferner konstatiert Mauss in seinem *Essai*, dass es eine Asymmetrie zwischen dem wirtschaftlichen Tausch unserer Zeit einerseits und den eigentlichen Gabepraktiken andererseits gibt. Dieses Diktum erhitzt bis heute die Gemüter und hat folglich auch die an Mauss anschließende Forschung stark beschäftigt – angefangen bei der Paläontologie, der Archäologie und der Geschichte.

5.3.1 Paläontologie und Archäologie

In dem Werk *Stone Age Economics* stellt Marshall Sahlins, der maßgeblich dazu beigetragen hat, Mauss' *Essai sur le don* und insbesondere seine Auffassung zur Reziprozität in den Gabepraktiken berühmt zu machen, die steinzeitliche Wirtschaft wie eine Hauswirtschaft dar (Sahlins 1972), was jedoch voraussetzt, dass die Tauschpraktiken zwischen Menschen genuin wirtschaftliche Praktiken seien, womit Sahlins letztlich einen „modern bias" in der Deutung der Tätigkeiten bzw. der Gabepraktiken dieser Bevölkerungen einführt (Charvát 1993, 21). Diese Lesart Sahlins' hebt sich in gewisser Weise von den Kenntnissen zum Facettenreichtum von Tauschpraktiken aus dem Bereich der Paläontologie und der Archäologie ab. Für die Zeit vor ca. 8500 v. Chr. ist etwa in Mesopotamien eine sehr große Vielfalt von Tauschpraktiken und darunter von Gabepraktiken belegt, die insbesondere innerhalb von Jäger- und Sammlergruppen und weniger *zwischen* diesen Gruppen vorherrschen. Der Grund, weshalb Gabe- und Tauschpraktiken in jener Zeit vor allem innerhalb und nicht so sehr zwischen sozialen Gruppen verbreitet waren, ergibt sich daraus, dass der Zugang zu anderen Gemeinschaften und deren Gaben mit erheblichen Strapazen verbunden war. Entsprechend erforderte die Einleitung und Aufnahme des Gabentausches teilweise hunderte von Kilometer lange Reisen, die die Menschen auf sich nehmen, um Gegenstände zu beschaffen, die ihnen in ihrer Umgebung nicht zur Verfügung standen – wie zum Beispiel Obsidiane. Mit der fortschreitenden Entwicklung der

Landwirtschaft ab ca. 8500 v. Chr. vermehren sich Gabepraktiken dieser Art und trotz der neuen Tauschgegenstände und -güter folgen diese Praktiken weiterhin derselben Logik wie die Gabepraktiken von Jäger- und Sammlergruppen. Sie finden häufig nach langen Reisen statt, die zum Ziel haben, Gegenstände zu erhalten, die vor Ort nicht erhältlich sind. Der Gabentausch selbst besteht entsprechend darin, diese Gegenstände der Gemeinschaft zur Verfügung zu stellen, damit diese Gegenstände in die Gabepraktiken zwischen den Gruppen einfließen und zirkulieren können. In diesem Sinne bilden die Gabepraktiken einerseits eine schwach institutionalisierte Form der Umverteilung des Vermögens, die insofern vom wirtschaftlichen Tausch im modernen Sinne des Wortes unterschieden werden muss, als dass jene Praktiken nicht auf Gewinn oder Akkumulation ausgerichtet waren. Andererseits sind diese Gabepraktiken stark ritualisierte Tauschpraktiken, die die Archäologen ab dem Paläolithikum registrieren, und die mit anderen, weniger ritualisierten Tauschpraktiken koexistieren. Erst zwischen ca. 5000 v. Chr. und ca. 3000 v. Chr. entwickelt sich in Europa, im Mittelmeerraum, in Nahost und in Indien ein ausgeprägter wirtschaftlicher Tauschhandel. Er führt zu einer umfangreichen Zirkulation vielfältiger Gegenstände, insbesondere von Metallen wie Silber oder Kupfer, von Edelsteinen wie Obsidian und von künstlerischen wie rituellen Gegenständen. Um ca. 1500 v. Chr. entstehen die ersten Zivilisationen wie etwa die mykenische und phönizische Zivilisation, die dem wirtschaftlichen Tausch einen wichtigen Platz in der Gesellschaft einräumen (McIntosch 2006). In jener Zeit bleiben also wirtschaftliche Praktiken und Gabepraktiken eng miteinander verbunden, wie Untersuchungen zu den Tauschpraktiken im alten Ägypten, besonders in der Zeit des neuen Königtums (ca. 1550 v. Chr.), belegen (Chadefaud 1979).

In diesem Zusammenhang zeigt beispielsweise Janssen, dass die wirtschaftlichen Transaktionen im alten Ägypten kaum mit unserem Verständnis von Wirtschaft kompatibel sind (Janssen 1988). Die Ägypter haben zum einen keine genaue Vorstellung von der modernen Idee des Preises. Zum anderen wird der Wert von Gegenständen häufig durch das Gewicht dieser Gegenstände bestimmt, was im Allgemeinen der sehr konkreten Auffassung von der Welt und mithin dem gesellschaftlichen Leben der Ägypter entspricht. Sie achten mehr auf den Gebrauchswert der Gegenstände als auf ihren Tauschwert, und demzufolge tauschen sie Gegenstände ohne Rücksicht auf Gewinn oder Akkumulation. Was bei diesen Tauschpraktiken vor allem zählt, ist die Bewahrung eines umfassenden Gegenseitigkeitssystems zwischen den unterschiedlichen Gruppen des ägyptischen Königreiches. Wenn etwa jemand, der einen seiner Ochsen gegen ein Bett tauscht, das Bett nicht braucht, weil er schon eines hat, dann nimmt er dieses Bett trotzdem an, statt den Tausch abzulehnen, weil er weiß, dass er es bei einem

5.3 Die Gabe

späteren Tausch jemand anderem geben kann. Diese Tauschpraktiken sind zudem geographisch bestimmt, weshalb sie in kleinen Dörfern des alten Ägyptens kaum beobachtet werden, weil die Menschen dort ihre Lebensmittel und Haushaltsgeräte zum größten Teil selbst herstellen, wohingegen sie in den Großstädten deutlich häufiger anzutreffen sind und weithin Verbreitung genießen. Sie werden nicht nur zur Befriedigung der Grundbedürfnisse der tauschenden Gruppen etwa nach Lebensmitteln getätigt, sondern erstrecken sich auch auf nicht überlebensnotwendige Gegenstände und Luxusgüter wie Edelsteine (Lapislazuli, Obsidiane) und Edelmetalle (Silber, Gold). Die Tauschpraktiken werden vom Königreich und später von der ägyptischen Macht sowie vom Tempel reguliert, und sie kommen den Kaufleuten zugute, die auf diese Weise wertvolle Gegenstände erhalten, die sie weiter tauschen können, was wiederum zu einer mittelbaren Verbreitung solcher Tauschpraktiken und den darin zirkulierenden Gegenständen in der ganzen Bevölkerung führt. Diese Zirkulation von „Gaben" oder „Beiträgen" (*inw*; vgl. Bleiberg 1996) wird als Pflicht des Königs gegenüber seiner Bevölkerung verstanden – als Herr des Landes wird vom König seinem Status entsprechend erwartet, dass er das Vermögen des Landes umverteilt (Janssen 1981).

In der griechisch-römischen Antike wird demgegenüber bereits deutlicher zwischen Gabepraktiken und wirtschaftlichen Transaktionen unterschieden. So werden beispielsweise in Persepolis zwischen dem 6. und 5. Jahrhundert v. Chr. Gegenstände, die als Gaben gelten, in der königlichen Schatzkammer aufbewahrt und nur im Rahmen von religiösen Zeremonien und Festen zu Ehren des Königs verwendet (Cahill 1985). Sie werden strikt von Gegenständen getrennt, die in die wirtschaftlichen Tauschpraktiken einfließen und darin Verwendung finden. Griechische Dichter wie Homer und Hesiod und Philosophen wie Aristoteles und Platon heben in ihren Schriften die Notwendigkeit von Gabepraktiken (häufig unter Betonung des *kharis* bzw. der Gnade als Symbol der Göttermacht) im Vergleich zu anderen Tauschpraktiken hervor. Diesen Gabepraktiken kommt zudem ein aristokratisches Merkmal zu, weil sie sowohl der Verdeutlichung der Gastfreundschaft dienen (Finley 1988) als auch die Verhandlung mit Nachbarländern, zu denen diplomatische Beziehungen unterhalten werden müssen, unterstützen (Van Der Mije 1987; Morris 1986). Die Forschung zu antiken Tauschpraktiken zeigt ebenfalls, dass Gabepraktiken nicht nur in Klans und in staatenlosen Gesellschaften von Bedeutung sind, sondern auch in Gesellschaften, die eine verhältnismäßig große Bevölkerung umspannen und über eine staatliche Organisation verfügen. Die Praxis des Gabentausches in diesen Gesellschaften reicht bis in die christliche Ära, wie Paul Veyne und Peter Brown zeigen (Veyne 1976; Brown 1992), zurück. Veyne, der sich mit der römischen Gesellschaft in der Zeit von 300 v. Chr. bis 300 n. Chr. beschäftigt, beschreibt, wie in römischen Städten die Spenden, die von wohlhabenden Familien- und Freundeskreisen geleistet werden, immer weitere Kreise ziehen und schließlich in der ganzen Bevölkerung zirkulieren. Diese Form des Gabentauschs bezeichnet er mit dem Begriff des Evergetismus, der den Standespersonen in Rom ihre Autorität verleiht. Auch Brown beschäftigt sich mit der Gabe in der Antike, nämlich in der Zeit zwischen 300 v. Chr. und 450 n. Chr. Im Vergleich zu Veyne konzentriert sich Brown jedoch besonders auf die Gabepraktiken zwischen den Regierenden der Stadt, ihren Vertretern und den Standespersonen, die die obere Gesellschaftsschicht bilden. Brown zeigt, dass die Gabepraktiken einerseits die Treue der Standespersonen Roms gegenüber den Regierenden der Stadt gleichwohl gewährleisten, während die Standespersonen diese Treue mit der Erwartung verbinden, die Regierenden durch die diskursive Kunst des Patriziers – die *paideia* – bei ihrer Ausübung der Macht zu beeinflussen. Diese Vorstellung und Funktion der Gabepraktiken als Grundlage der Beziehungen zwischen den Herrschenden und den Beherrschten findet sich im Christentum und dient in diesem Sinne zugleich als Grundlage für die Auffassung über das Verhältnis zu Gott, dessen Bedeutung Brown für die Institutionalisierung des christlichen Reiches im Mittelmeerraum unterstreicht. Der Unterscheidung zwischen dem Tausch von Gaben und dem wirtschaftlichen Tausch, die sich während der Antike immer stärker herausbildet und dazu führt, dass der Gabentausch im Kontrast zum wirtschaftlichen Tausch zusehends an Gestalt gewinnt, kommt in der geschichtlichen Forschung über Gabepraktiken im Frühmittelalter eine große Bedeutung zu.

5.3.2 Alte und neuere Geschichte

Der Historiker Philip Grierson hält fest, dass der Gabentausch von anderen Tauschpraktiken im frühen Mittelalter unterschieden werden muss, da sich der Gabentausch ausschließlich auf Gegenstände erstreckt, die nicht knapp sind oder dringend benötigt werden (Grierson 1959). Aron Gurevich folgt dieser Unterscheidung, allerdings aus anderen Gründen: Im frühen Mittelalter vollzieht sich der Gabentausch zwischen der Bevölkerung und ihren Regenten. Den Regenten wird durch diese Praxis vermittelt, dass die Bevölkerung an ihrem Erfolg und Wohlstand teilhat (Gurevich 1968). Georges Duby hebt indes hervor, dass im Mittelalter ein Unterschied zwischen der Gabe und dem wirtschaftlichen Tausch besteht, der in der zwingenden Erwiderung der Gaben zu sehen ist. Im Mittelalter setzt das Geben einer Gabe, die nur theoretisch freiwillig getätigt wird, also immer und *zwingend* das Erwidern der Gabe voraus, und zwar im Unterschied zum wirtschaftlichen Tausch, der eine solch strikte Erwiderungspraxis nicht kategorisch verlangt (Duby 1973). Weitere Untersuchungen zu mittelalterlichen Schenkungs- und Wohltätigkeitspraktiken sowie zu kollektiven Organisationsformen der gegenseitigen Mithilfe relativieren jedoch die Einschätzung, dass der Zwang zur Erwiderung von Gaben ein zentrales Merkmal der Gabepraktiken ist, zumindest in Bezug auf die Merowinger- und Karolingerzeit (vgl. Jobert 1977; Silber 1995; Curta 2006). Wenn also aus jener Zeit Formen von Gabepraktiken bekannt sind, die nicht notwendigerweise auf dieser Art der zwingenden Gegenseitigkeit beruhen – diese Form der Gabe ist wahrscheinlich von der augustinischen Vorstellung der Gabe an Gott beeinflusst worden, die niemals erwidert wird –, dann deshalb, weil die Geste des Gebens mehr zählt als der gegebene Gegenstand. Diese Geste wird mit menschlichen Eigenschaften wie Treue, Gnade oder Heldentum assoziiert, die von der Aristokratie des 7. und 8. Jahrhunderts geprägt werden und noch bis zum Ende des 15. Jahrhunderts sehr verbreitet sind (Vilches 2004). Götter wie Helden geben ohne Erwartung auf eine Kompensation bzw. jenseits von der Vorstellung, dass die Gabe stets Gegenseitigkeit verlangt.

Abgesehen von dieser Debatte über die Gegenseitigkeit der Gabe, bleiben Gabenpraktiken nichtsdestotrotz ein zuverlässiges Mittel der Umverteilung von Vermögen in den mittelalterlichen Gesellschaften. Das Karolingerreich beispielsweise institutionalisiert jährliche Rituale, bei denen dem Kaiser und den Königen Gegenstände – oft Pferde – gegeben werden (Curta 2006), die anschließend an die treuesten Standespersonen weitergereicht werden. Diese Umverteilung des Vermögens stellt keine gesellschaftliche Wohltat dar, sondern dient der Verdeutlichung der Machtverhältnisse zwischen konkurrierenden Gruppen innerhalb der Aristokratie. Daher ist der Gabentausch, so wie er in und zwischen den herrschenden gesellschaftlichen Gruppen vorkommt, Duby zufolge strikt vom wirtschaftlichen Tausch zu trennen, der in erster Linie vom immer größer werdenden Teil der restlichen Bevölkerung praktiziert wird. Das heißt jedoch nicht, wie Jacques Le Goff insbesondere gegen Fernand Braudel und Lester Little argumentiert, dass der wirtschaftliche Tausch in der mittelalterlichen Gesellschaft im Vergleich zum Gabentausch quantitativ überwogen hätte (Le Goff 2010; Braudel 1967; Little 1978). Dies rechtfertigt sich insbesondere damit, dass das Geld in den mittelalterlichen Gesellschaften noch nicht die Bedeutung erworben hat, die es später im 16. und 17. Jahrhundert annehmen sollte. Entsprechend schreiben die Theologen der Scholastik (z. B. Thomas von Aquin, San Bernardino da Sina, Sant'Antonio da Firenze) dem Geld vergleichbare Eigenschaften wie dem Getreide oder dem Wein zu. Geld kann gewogen und gezählt werden, weshalb Geld als fungibler Gegenstand gilt, der seine Eigenschaften erschöpft, wenn er ge- bzw. verbraucht wird (de Roover 1967). Das Geld wird deshalb weder als ein Tauschmittel noch als ein Wertaufbewahrungsmittel gesehen, und vom Geld wird ebenso wenig erwartet, dass es mehr Geld generiert. Wenn ein mittelalterlicher Bankier seinen Kunden Zinsen zahlt, kann er dies nur als Gabe tun, da er ansonsten wegen Wucherzinspraktiken rechtlich sanktioniert werden kann (Mathiowetz 2007). Außerdem ist es einem Bankier nur gestattet, im Rahmen eines internationalen Tausches Zinsen zu erheben, so er einem solchen Tauschgeschäft eine Währungsumrechnung zugrundelegt, was die Scholastiker als *cambium* verstehen, womit der Bankier dem Zinsverbot bzw. Wucherzinsverbot entgeht. Das Geschick der Bankiers, Techniken zu erfinden, um das Wucherzinsverbot zu umgehen, und die herablassende Haltung der Theologen und Juristen ihnen gegenüber ist eines der typischen Zeichen der „modernen" mittelalterlichen Wirtschaft. Diese Wirtschaft bleibt jedoch trotz ihrer „Modernität" brüchig und ist weitestgehend auf wirtschaftliche Tauschpraktiken der ersten mächtigen Banken wie der Lombardischen Bank und später der Medici-Bank beschränkt.

Im Vergleich zum Mittelalter entwickelt sich der wirtschaftliche Tausch in der Renaissance deutlich schneller und gewinnt zudem aufgrund der Verbindungen zwischen den europäischen Metropolen und ihren Kolonien an Breite. Der Gabentauch verschwindet nicht (vgl. Davis 2000), sondern nimmt andere Formen an, man denke etwa an die luxuriösen Gaben eines Ehemannes an seine künftige Frau oder von Königen an ihren Hof. Wie das Geld wird auch die Gabe bis zur Renaissance den scholastischen Gesetzen folgend nach altrömischem Recht kategorisiert, um zu vermeiden, dass die Gabe *(donatio)* mit dem gewöhnlichen Darlehen *(commodatum)* gleichgesetzt wird. Um als *donatio* zu gelten, muss die Gabe spontan und unwiderruflich getätigt werden. Eine Erwiderung der Gabe würde die Gabe zum *commodatum* erheben, womit sich der Geber strafbar machen würde (Bestor 1999). Mit der Zunahme der wirtschaftlichen Aktivitäten werden Gaben auch immer mehr in Form von Geldgaben getätigt. Dies bedeutet zwar nicht, dass sie dabei ihren symbolischen Wert verlieren – die Gabe bringt weiterhin Macht und Ehre der Mächtigen sowie die Stabilität der etablierten Verhältnisse zum Ausdruck –, aber die in Geld quantifizierten Gaben führen zu entsprechenden Klassifizierungen von Bevölkerungsgruppen nach der Maßgabe Gabe/Geld, d. h. nach dem Geldwert ihrer Gaben und der Häufigkeit (Howell 2010). Während etwa die europäischen Königshöfe des 16. und 17. Jahrhunderts vom Streben nach Vermögen angetrieben werden, beweist der Adel sein Prestige, indem er sich von kommerziellen Tätigkeiten fernhält oder nicht daran teilnimmt. Als Menschen der Gabe gebührt den Adeligen die Ehre, wohingegen sich die Makler in der Welt des Geldes bewegen. Zwar ist diese Unterscheidung brüchig – es gelingt den Maklern nicht selten, Adelige durch Umwerben in ihren Kundenstamm aufzunehmen und eine Vergütung für ihre Dienste zu

5.3 Die Gabe

erhalten (Kettering 1993). Trotzdem beansprucht der Adel die Gabe, die mit Verdienst, Großzügigkeit und Treue zum König verbunden ist, weiterhin für sich allein. Der König gibt dem Adel seine persönliche Begnadigung und Gunst, um ihn für seine Treue zu belohnen. Durch dieses auf Ehre beruhende Verhältnis von Gegenseitigkeit bestätigen und bewahren die Adeligen ihren sozialen Rang, der sie von den Kaufleuten oder von den reichen bürgerlichen Herren des Bürgertums unterscheidet. Nur wohlgeborene Seelen sind der Gabe des Königs würdig, was, wie Jay Smith zeigt (Smith 1993), den Kaufleuten nicht gefällt, die in der Ehre kein Privileg des Adels sehen, zumal sie durch ihre Handelstätigkeiten ebenso wie das edle Adelsgeschlecht wesentlich zum öffentlichen Wohlstand beitragen (Shovlin 2000). Diese historischen Konflikte um den Gabentausch belegen die Kontinuität des Verständnisses von Gabenpraktiken ab dem Mittelalter bis zur Gegenwart: Mit der Gabe wird zum Ausdruck gebracht, dass die Akteure ihre Gesellschaft wertschätzen. Noch in den säkularisierten und industrialisierten Gesellschaften des 19. und 20. Jahrhunderts äußert sich dieser Sachverhalt u. a. in der Entwicklung philanthropischer Initiativen und in den genossenschaftlichen Bewegungen.

Die Forschung in der Paläontologie, der Archäologie und der Geschichte stellt ebenfalls Asymmetrien zwischen dem wirtschaftlichen Tausch und den Gabepraktiken fest. Obgleich die Konsolidierung der kapitalistischen Wirtschaft den wirtschaftlichen Tausch immer bedeutender und die Gabepraktiken immer unbedeutender werden lässt, verschwindet der Gabentausch nicht vollständig und bleibt überdies je nach Gesellschaft und Kultur für bedeutende Teile der Bevölkerung die herrschende Tauschpraxis und das bevorzugte Vergesellschaftungsmittel (Appadurai 1986; Godelier 1977; Gregory 1982; Beckert 2009). Diese Ergebnisse unterstützen Mauss' Standpunkt in seinem *Essai sur le don*, wonach die Gabe der wichtigste Felsen („roc") der sozialen Praxis sei (Mauss 1999, 264) und in unseren Gesellschaften nach wie vor eine bedeutende Rolle einnehme. Jedoch wirft diese Einsicht Mauss' eine weiterführende Frage auf, mit der sich insbesondere die Sozialwissenschaften auseinandergesetzt haben: Handelt es sich bei der Gabe *deshalb* um einen Felsen der Gesellschaft, weil sie sich grundsätzlich vom wirtschaftlichen Tausch unterscheidet? Oder ist die Gabe eine alte wirtschaftliche Tauschform, aus der sich in den kapitalistischen Gesellschaften der wirtschaftliche Tausch entwickelt hat? War die Gabe, mit anderen Worten, somit schon immer modern? In der umfangreichen Literatur zur aktuellen Rezeption von Mauss' Theorie der Gabe lassen sich fünf verschiedene Ansätze identifizieren, die sich mit diesen Fragen auseinandersetzen und die wir im Folgenden nachzeichnen. Wir beginnen mit dem Ansatz der Reziprozität der Gabepraktiken.

5.3.3 Mehr als die Gabe, die Reziprozität

In der Ethnologie und in der Sozialanthropologie beziehen sich Lévi-Strauss in *Die elementaren Strukturen der Verwandtschaft* und Marshall Sahlins im Rahmen seiner Arbeiten zur steinzeitlichen Wirtschaft auf Mauss' Auffassung, wonach die Gabepraktiken auf Reziprozität beruhen (Lévi-Strauss 1992; Sahlins 1972). Lévi-Strauss und Sahlins kritisieren in diesem Zusammenhang Mauss' religionswissenschaftlichen Ansatz seiner Theorie der Gabe und stellen insbesondere die Idee infrage, dass jeder Gabentausch unmittelbar und quasi unvermeidlich auf drei Verpflichtungen – Geben, Empfangen, Erwidern – beruhe. Zwar liege Mauss richtig, wenn er die Gabe als eine totale soziale Tatsache fundiere, da die Gabepraktiken unterschiedliche (religiöse, wirtschaftliche, rechtliche, ästhetische usw.) Aspekte der Gesellschaft miteinbeziehen und gleichzeitig regulieren. Aber nach Lévi-Strauss und Sahlins übten die Gabepraktiken diese Funktion nicht auf Basis der drei Verpflichtungen aus, die Mauss erwähnt, um die „magische" Macht der Gabe auf das gesellschaftliche Leben zu beschreiben, welche die Akteure miteinander und mit ihrer Gesellschaft solidarisch verbänden. In der Gabe manifestiere sich im Gegenteil eine andere, nicht zwingende, nicht unpersönliche und dennoch bindende Macht, die Mauss zwar auch sieht, die er aber zu vertiefen unterlässt: die Macht der Gegenseitigkeit. Nach Lévi-Strauss strukturiert die Reziprozität die universelle mentale Struktur der Menschen, die dem Austausch zwischen Akteuren und der Bildung von Verwandtschaften zugrunde liege. Dieser Austausch bilde die Struktur der Gesellschaft, und er beruhe auf zwei Hauptformen; erstens dem begrenzten Austausch, der zwei Partner umfasse, und zweitens dem allgemeinen Austausch mit weitaus mehr Partnern.

Sahlins geht in ähnlicher Weise wie Lévi-Strauss vor. Was Mauss als das System der totalen Reziprozität beschreibt, beschreibt Sahlins als Wechselbeziehung zwischen der generalisierten, der ausgeglichenen und der negativen Reziprozität (Sahlins 1972, 192–195). Nach Sahlins bilden diese drei Reziprozitäten kein System, sondern ein Kontinuum, das von der extremen Geselligkeit (der generalisierten Reziprozität) bis zur extremen Asozialität (der negativen Reziprozität) reicht. Die Botschaft, die die Gabesoziologie von Mauss für unsere modernen Gesellschaften bereitstelle, bestehe also nicht darin, diese archaische Austauschform zu reaktivieren, um das zeitgenössische gesellschaftliche Leben solidarischer zu machen. Mauss' eigentliche Botschaft an die Sozialwissenschaften liege vielmehr in dem Auftrag zu untersuchen, wie die Reziprozität in unseren Gesellschaften reproduziert wird bzw. welche Formen der Handlung und der Interaktion auf den unterschiedlichen – Mikro- Meso- oder Makro- – Ebenen der Gesellschaft die Reziprozität unterstützen und mithin strukturieren. Die

Reziprozität sei – in den Worten von Alvin Gouldner ausgedrückt – die grundlegende Norm unserer Handlungs- und Interaktionspraktiken (Gouldner 1960). Diese Sichtweise wird in der Literatur zu Mauss' Gabe im Anschluss an Sahlins weitgehend übernommen (z. B. Case 1976; Price 1978; Weiner 1980), und hat wie bei Pierpaolo Donati oder Frank Adloff zur Formulierung neuer theoretischer Ansätze in den Sozialwissenschaften, insbesondere in der Soziologie, geführt – Donati hat im Anschluss an Mauss eine soziologische Ontologie der Relation entwickelt (Donati 1991, 2003, 2011), während Adloff eine anti-utilitaristisch gefasste Pragmatik der Interaktion aufgestellt hat (Adloff 2017). Ist die Reziprozität jedoch der entscheidende Aspekt, um die Besonderheit der Gabe gegenüber dem wirtschaftlichen Tausch zu bestimmen? Unter den Autoren, die sich gegen dieses Verständnis der Gabe wenden, findet sich insbesondere Pierre Bourdieu.

5.3.4 Die Gabe als instrumentell gesteuerte symbolische Tauschpraxis

Bourdieu greift Mauss' Gabetheorie im Rahmen seiner Beschäftigung mit dem Gabentausch in der Kabylei auf (Bourdieu 1972). In diesem Zusammenhang weist Bourdieu darauf hin, dass die kabylischen Gabepraktiken dazu dienen, die Machtverhältnisse zwischen Akteuren zu verschleiern, wodurch der Gabentausch den Akteuren der Kabylei die Möglichkeit einräumt, über die Produktion von Strategien ihre partikularen Interessen im Gewand kollektiver Interessen zu bewahren und durchzusetzen. Untersuche man die Gabepraktiken, so wie Lévi-Strauss es vorschlägt, ausschließlich unter dem Aspekt des Gegenseitigkeitsprinzips zwischen den Akteuren, dann geraten Bourdieu zufolge all diejenigen Strategien und ihre Wirkungen auf die kabylische Gesellschaft aus dem Blick, die sich jenseits des Gegenseitigkeitsprinzips zwischen Akteuren bewegen und nicht zwingend Reziprozität voraussetzen. Zudem unterschlage die Reduktion der Gabe auf das Gegenseitigkeitsprinzip zentrale Aspekte des soziologischen Bedeutungsgehalts von Gabepraktiken, die nicht zuletzt auch darauf abzielen, Macht über anderen Akteure auszuüben, um die eigene Position und die Position der eigenen Gruppe in der Gesellschaft zu sichern und zu bewahren. Ähnlich verfährt Bourdieu im Hinblick auf die Verpflichtung, die Mauss in jedem Gabentausch zu sehen glaubt. Richte man den Blick auf die kabylische Gesellschaft, dann könne man zwar aufseiten der Akteure die für Gabepraktiken konstitutive Erwartung auf Gegengabe, die jeder Kreislauf von Gaben notwendig voraussetzt, feststellen – es wird erwartet, dass ein Gegenstand, der gegeben wird, auch erwidert wird. Doch werde diese Erwartung zur Gegengabe im Zuge der Interaktionen zwischen Akteuren und Akteursgruppen nie verbalisiert. Es werde nie signalisiert, wer was an wen zurückzugeben habe, und es werde ebenso wenig mitgeteilt, wo oder wann die geleistete Gabe erwidert werden müsse. Aus diesem Grund sei der Gabentausch nach Bourdieu grundsätzlich zweideutig. Er erlaube es den Akteuren, ihre Interessen hinter den Ehren- oder Prestigestreitigkeiten zu verbergen. Aus Bourdieus Perspektive stellt es sich deshalb so dar, als ob sich die kabylische Gesellschaft weigere, ihre eigene wirtschaftliche Realität und ihre sozialen Hierarchien anzuerkennen, um sich stattdessen als eine von edlen Werten gesteuerte Gesellschaft darzustellen. Verabschiede man sich von der trügerischen Fiktion, dass der Gabentausch auf Reziprozität beruhe, geben sich die Gabepraktiken in ihrer objektiven bzw. relationalen Bedeutung als verborgenes Machtinstrument eigennütziger und kalkulierender Akteure zu erkennen, die sowohl nach der Eroberung der Macht streben als auch auf die Unterwerfung anderer Akteure abzielen.

In dieser Hinsicht unterscheidet sich die Rationalität der Gabe nicht grundsätzlich von der instrumentellen wirtschaftlichen Rationalität moderner Gesellschaften, sondern nur ihrem Ausdruck bzw. ihrer Form nach. Bourdieu zufolge symbolisiert die Gabe eine uneigennützige, verpflichtende, solidarische Tauschpraxis, die den Glauben an die entsprechenden Werte – Treue, Freiheit, Engagement, Gnade usw. – fördert, während die Gabepraxis diesem Symbolgehalt bzw. diesen Werten in Wirklichkeit entgegenläuft und den Akteuren eine sanfte und deshalb effizientere Macht zur Durchsetzung ihrer eignen Interessen zur Verfügung stellt. Insofern ist die Gabe eine instrumentell gesteuerte symbolische Tauschpraxis, die gleichsam entsprechend ihren Feldern von Tätigkeiten (wie etwa in der Kunst) bzw. ihren symbolischen und feldspezifischen Gütermärkten eine instrumentell gesteuerte symbolische Rationalität produziert und somit eine Rationalität einführt, die sich den verschiedenen Feldern anzupassen imstande ist. Ähnlich wie Bourdieu verstehen auch Cheal und Camerer die Gabe, die sie vornehmlich von einem wirtschaftswissenschaftlichen und einem wirtschaftssoziologischen Standpunkt aufgreifen und analytisch auf Praktiken des Schenkens beschränken, als eine Art des Erwirtschaftens bzw. des Wirtschaftens, die zwar nicht der Marktwirtschaft im engeren Sinne angehöre, deren Prinzipien aber nichtsdestotrotz denen der Marktwirtschaft ähnlich seien (Cheal 1988; Camerer 1988; vgl. auch Swedberg 1990). Es werden Geschenke angeboten und nachgefragt, manche Geschenke werden aus altruistischen, andere aus egoistischen Gründen gemacht (Stark 1995). In dieser besonderen Geschenkökonomie streben die Akteure nicht nur eine materielle Vergütung ihrer Investition an. Sie erwarten auch eine Vergütung in symbolischer Form – sie möchten sich durch ihre Geschenke individuell und gesellschaftlich aufwerten, um auf diese Weise an Autorität zu gewinnen (Fehr und Gächter 2000; Thomas und Worrall 2002).

Gegen diese Deutung der Gabe als quasi-wirtschaftlichen Tausch bezieht die M.A.U.S.S.- Bewegung *(Mouvement Anti-Utilitariste en Sciences Sociales)* um Alain Caillé und Gérald Berthoud Stellung. Diese Bewegung konzipiert die Gabe im Rahmen eines anti-utilitaristischen Ansatzes und verwendet sie als Grundlage einer gesellschaftlichen (Meta)Theorie, die Abstand von der Marktrhetorik und der wirtschaftlichen Semantik in den Sozialwissenschaften nimmt.

5.3.5 Die Gabe als Matrix der modernen Gesellschaft

Alain Caillé und die Autoren, die der von ihm gegründeten M.A.U.S.S.- Bewegung angehören, bieten eine neue Lesart von Mauss' *Essai sur le don* an, die sich einerseits gegen die Lesart des *Collège de sociologie* richtet – Gabepraktiken sind laut M.A.U.S.S.S- Bewegung weder irrationale Tauschpraktiken noch Praktiken, die in Übermaß und Überfluss münden, egal ob es sich um exzessive Energieverausgabung, Opferbereitschaft oder Gewaltausübung handelt. Andererseits richtet sich das Gabeverständnis der M.A.U.S.S.-Bewegung gegen Bourdieus Rhetorik des Interesses. Sie betonen die grundsätzliche Ambivalenz von Gabepraktiken. Sie seien sowohl verpflichtend und befreiend als auch eigennützig und uneigennützig und ließen sich nicht auf eine dieser vier Dimensionen einschränken. Mit der Wiederentdeckung der Gabepraktiken durch Mauss seien die Sozialwissenschaften um eine Perspektive bereichert worden, die es in der Folge erlaube, einen neuen theoretischen Rahmen bzw. ein drittes Paradigma zwischen Holismus und Individualismus zu formulieren (Caillé 2008). Diesem Paradigma zufolge lässt sich die Gesellschaft als grundsätzlich durch den Gabentausch strukturiert verstehen, wobei die strukturierenden Wirkungen auf das gesellschaftliche Leben noch weitestgehend unbekannt seien und deshalb untersucht werden sollten (Testart 2001; Anspach 2002). Caillé sieht in dieser Herangehensweise ein anti-utilitaristisches Forschungsprogramm. Dieses Programm leistet nicht nur eine radikale Kritik der Hegemonie der ökonomischen Rationalität, die sowohl unser tägliches Leben als auch die theoretischen Narrative der Sozialwissenschaften bestimme. Eine an Mauss geschulte Soziologie der Gabe stelle außerdem eine neue Forschungsperspektive in Aussicht, die in der Lage sei, alle sozialen Praktiken, die sich mit der Gabe verquickt zeigen, einordnen und sie auf der Ebene eines neuen (meta)theoretischen Ansatzes, den es im Einklang mit den klassischen soziologischen Theorien zu entwickeln gelte, erfassen zu können (vgl. Caillé und Vandenberghe 2021). Das Paradigma der Gabe erzeuge zudem, so die Überzeugung, ein neues Verständnis des wirtschaftlichen Marktes einerseits und des Staates andererseits im Sinne zweier Produkte einer sozialen Ordnung, die aus dem Gabentausch als Grundbedingung des gesellschaftlichen und individuellen Lebens entstehe (Caillé 1994). Zugespitzt formuliert, stellt die Gabe nach Caillé ein kosmologisches Prinzip des sozialen Lebens und das Axiom der Sozialtheorie *par excellence* dar. Dieses Axiom sei angesichts aktueller sozialer Fragen – z. B. Fragen der Vermögensverteilung, der Kaufkraft der Akteure, des Klimawandels – nicht nur legitim und vertretbar, sondern entspreche auch der ethischen Verantwortung der Sozialwissenschaften gegenüber der Gesellschaft.

Im Kontext der M.A.U.S.S.-Bewegung werden die Gabepraktiken folglich mit einer Vielzahl zeitgenössischer Probleme verknüpft: neben den gerade Genannten z. B. mit der Organspende, dem Sponsoring, dem Technologietransfer, dem Ausbau ziviler Partizipationsprozesse zur Steuerung und Gestaltung der Gesellschaft sowie zur Erneuerung des politischen Lebens, den Formen der nationalen und internationalen – staatlichen oder nichtstaatlichen – Sozialhilfe etc. Die M.A.U.S.S.-Bewegung bleibt dabei der Botschaft von Mauss' *Essai sur le don* treu: Die Gabe ist kein exotisches Phänomen weit entfernter fremder Länder und Kulturen. Sie bleibt der Felsen der modernen Gesellschaft und das Organisationsprinzip der Prädispositionen unseres Handels. Dieses Programm bleibt jedoch nicht unumstritten, zumal einige Wissenschaftler, darunter vor allem Philosophen wie Jacques Derrida, die Existenz der Gabe, radikal infrage stellen.

5.3.6 Unmöglichkeit und Möglichkeit der Gabe

Entgegen der Deutung der M.A.U.S.S.-Bewegung insistiert Derrida darauf, dass die Gabe als reine Gabe nicht existieren könne, oder anders formuliert, dass die Gabe als Gabe unmöglich sei bzw. sich im Akt des Gebens selbst vernichten würde. Die Gabe setze voraus, dass wir zwar alles geben, aber, wie Derrida im Anschluss an Mauss hervorhebt, gleichzeitig bei jeder Gabe immer etwas Materielles oder Immaterielles – etwa das *hau* bzw. der Geist des gegebenen Gegenstandes – zurückbleibe, das nicht mit der Gabe gegeben werde bzw. das, wie Weiner sagt, ein „unveräußerliches Vermögen" darstelle (Weiner 1985). Nach Derrida hat Mauss selbst gezeigt, dass wir in der Gabe nur das geben können, was uns gehört, weshalb es für Derrida keine Gabe im strengen Sinne des Wortes geben kann, was er an den Beispielen der Zeit und des Todes veranschaulicht (Derrida 1992). Die Gabe existiere somit nur dann als Gabe, wenn sie nicht erwidert wird bzw. wenn beim Geben weder Reziprozität noch Verpflichtung vorausgesetzt werden, was zur Konsequenz hätte, dass die Gaben nicht in der Gesellschaft zirkulieren bzw. nicht weitergegeben oder erwidert werden könnten. Die Gabepraktiken, die Mauss untersucht, legen jedoch umgekehrt das Bild von

5.3 Die Gabe

zirkulierenden Gaben nahe, weshalb diese Praktiken Derrida zufolge nicht als Gaben zu gelten haben, sondern lediglich als Tauschpraktiken zu betrachten sind, die zwar in Bezug auf eine Idee von der Gabe getätigt werden, die jedoch die Gabe allenfalls als Ideal avisieren. Genauso verhält es sich nach Ansicht Derridas mit der Gabe in ihrer verkürzten Form, dem Geschenk, das nur dann als Gabe gilt, wenn das Geschenk nicht offensichtlich als Gabe in Erscheinung tritt. Es gibt also keine reine Gabe in der Praxis, sondern Praktiken, die Merkmale der Gabe mit anderen – darunter auch wirtschaftlichen, politischen, psychologischen – Merkmalen verbinden. Gabepraktiken sind deshalb grundsätzlich höchst ambivalent und müssen in dieser Ambivalenz bewahrt werden, um die Gabe als Idee, als Versprechen und schließlich als Struktur des Handelns weiter existieren zu lassen. Sollte die Gabe dieser Ambivalenz beraubt werden, dann wäre sie unvermeidlich gefährdet, weil dies zur Negation der Idee der Gabe einerseits und der Identität des Gebers andererseits führen würde. Oder anders formuliert, sollte die Gabe als Bündelung von sehr unterschiedlichen Merkmalen zur reinen Gabe entwickelt werden, so wäre ihre Existenz deshalb bedroht, weil sie als eine solche reine Gabe ohne Verbindung mit anderen Merkmalen des Handelns nicht existieren könnte. Die Gabe ist eine Beziehung, die Beziehungen unterhält; wäre dem nicht so, würde sie als rein strategisches Kalkül entzaubert werden (ebd., 104). Dieses Kalkül steckt unvermeidlich in der Gabe, wenn sie erst einmal all ihrer Unbestimmtheit entkleidet wird. Dies ist auch der Grund dafür, dass es keine Gabe geben kann, die ausschließlich uneigennützig auftritt und daher nicht etwas mit einer ökonomischen Austauschpraktik teilt. Daraus ergibt sich, dass es keinen grundsätzlichen Unterschied zwischen Gabenpraktiken und anderen Austauschpraktiken wie ökonomischen Transaktionen gibt.

Jean-Luc Nancy vermeidet Derridas extreme Schlussfolgerung, auch wenn er eine ähnliche Argumentationsstrategie verfolgt. Derrida postuliert, dass es die Gabe im Sinne einer radikalen Tauschpraxis ohne Voraussetzung von Gegenseitigkeit und Verpflichtungen nicht geben könne. Dies bedeutet jedoch nicht, dass die Gabe unmöglich sei, und selbst Derrida unterbreite zahlreiche anregende Vorschläge, die zu einer Untersuchung von Phänomenen des Alltags motivieren und mit dem Begriff der Gabe bezeichnet werden können. Nach Nancy könnte man sich entsprechend vom Mythos einer reinen Gabe befreien (Nancy 1988, 33), und – wie Marcel Hénaff vorschlägt – die Beziehungen zwischen Gabe und wirtschaftlichem Tausch in ein neues Licht rücken und dekonstruieren. Wie Hénaff unterstreicht, waren die Gabe und der wirtschaftliche Tausch nie miteinander verbunden. Sie stellen zwei unterschiedliche Ordnungen von Tauschpraktiken dar (Hénaff 2002). Daher plädiert Hénaff dafür, die Bedeutung, die die Gabe für die zeitgenössische Gesellschaft besitzt, nicht zu sakralisieren, wie dies mitunter bei der M.A.U.S.S.-Bewegung geschehe. Eine deutliche Unterscheidung zwischen dem wirtschaftlichen Tausch und dem Gabentausch sollte vielmehr getroffen werden, damit das, was für uns keinen Preis hat, dem wirtschaftlichen Tausch entzogen wird. Auf diese Weise blieben der Gabentausch und die mit ihm verbundenen Tätigkeiten und Tätigkeitsbereiche vom wirtschaftlichen Tausch getrennt.

5.3.7 Die Gabe und die (negative) Normativität der Gesellschaft

Neben den Beiträgen von Derrida, Nancy und Hénaff, die die Bedeutung der Gabe als Felsen („roc") der Gesellschaften und damit als das wichtigste und grundlegendste Strukturierungsprinzip der sozialen Praxis relativieren, gibt es weitere Ansätze, die vonseiten ihrer Autorenschaft in eine ähnliche Richtung entwickelt werden. Diese verstehen die Gabe weniger als eine Tauschpraxis, denn als ein Normativitätsprinzip. In der Sozialontologie Michel Freitags etwa, der zwei konkurrierende Arten gesellschaftlicher Reproduktionsmodi – die symbolischen und formalen Reproduktionsmodi – unterscheidet, wird die Gabe nicht als Grundlage der Gesellschaft gesehen, sondern als Nebenprodukt der symbolischen Reproduktion der Gesellschaft. Die Gabe spiegele die normative Macht der Gesellschaft wider. Freitag stellt damit sowohl gegen Mauss als auch gegen den Ansatz der M.A.U.S.S.-Bewegung heraus, dass die Gabe keineswegs der Felsen in der Brandung der gesellschaftlichen Praktiken sei, zumal Mauss mit seinem Verständnis der Gabe als totaler sozialer Tatsache die unterschiedlichen Ebenen nicht thematisiere, auf denen sich die Gesellschaft in der Praxis verwirkliche. Im Kontrast hierzu unterscheidet Freitag auf der einen Seite die Ebene der symbolischen und der formalen sozialen Verhältnisse und auf der anderen Seite die Ebene der sozialen Praktiken. Während Mauss zufolge die Gesellschaft durch die Gabe konstituiert werde, begreift Freitag die Gabe umgekehrt als Verbindung zwischen der Ebene der symbolischen/formalen sozialen Verhältnisse und der Ebene der sozialen Praktiken, die der Gesellschaft als ontologischem Wesen eine Realität geben und sie somit reproduzieren (Freitag 1986b, 14 ff.). Nicht die Gabe, sondern die Gesellschaft sei die „symbolische Instanz" im sozialen Leben (Freitag 1986a, 11 ff.), wohingegen die Gabe nur ein Ausdruck dieser Instanz sei. Die Reproduktion der Gesellschaft erfolgt nicht rein funktional, sondern sie setzt eine Normativität voraus, die nicht neutral durchgesetzt werden könne – die Gesellschaft sei also vor allem ein politisches Wesen. Ihre Reproduktion erfolge

5.3 Die Gabe

entweder symbolisch oder formal, je nachdem, welche dieser beiden Reproduktionsmodi in den sozialen Praktiken Unterstützung erfahren. Aus Freitags Sicht ist die Unterscheidung zwischen Anti-Utilitarismus bzw. Gabepraktiken einerseits und Utilitarismus bzw. wirtschaftlichen Tauschpraktiken andererseits, wie sie die M.A.U.S.S.-Bewegung vorschlägt, für die sozialwissenschaftliche Untersuchung nicht produktiv. Sie berücksichtige nicht, dass beide Tauschpraktiken auf die gleiche Art und Weise eine Normativität produzieren, auch wenn sich diese Normativität in beiden Fällen auf unterschiedliche Art und Weise äußere. Sowohl der Gabentausch als auch der wirtschaftliche Tausch zielen auf die Re-Produktion einer Normativität ab, die zur Reproduktion der Gesellschaft führe und gleichsam dieser zugrunde liege, weshalb die Gabe nicht mehr als der wirtschaftliche Tausch zur Bewahrung der Gesellschaft als ontologischer Entität und zur weiteren Verbreitung von sozialen Praktiken beitrage.

Der Gabentausch und der wirtschaftliche Tausch können Freitag zufolge also nicht kategorial voneinander getrennt werden. Es bestehe vielmehr eine Kontinuität zwischen beiden Tauschpraktiken, die überdies in ihrer historischen Genese einer Rekonstruktion unterzogen werden können. Hieraus schlussfolgert Freitag, dass die wirtschaftlichen Tauschpraktiken eine rationalisierte Form der Gabepraktiken darstellen. Diesen Befund führt Freitag auf die Einsicht zurück, dass die Gabepraktiken in den modernen Gesellschaften immer weniger in der Lage seien, die Gesellschaft zu reproduzieren. Entsprechend werden die Gabepraktiken in ihrer Verbreitung sukzessiv durch den wirtschaftlichen Tausch zurückgedrängt und schließlich durch die wirtschaftlichen Tauschpraktiken ersetzt, die nicht nur wegen der Entwicklung und Verbreitung der modernen Wirtschaft, sondern auch aufgrund der fortschreitenden Entwicklung des Rechts und der damit einhergehenden Generierung formal-rechtlicher Verfahren maßgeblich und in immer stärkerem Umfang zur Reproduktion der Gesellschaft beitragen. Eingedenk dieser Tatsache bestehe die Aufgabe der Soziologie nicht darin, wie Mauss vorschlägt, zu den vermeintlichen Wurzeln der Gabe zurückzukehren, um offenzulegen, wie der Gabentausch unsere Gesellschaft weiterhin strukturiert und prädisponiert. Vielmehr gelte es, die neuen bzw. formalen Verhältnisse, die die gesellschaftliche Reproduktion gewährleisten, in ihren Folgen für die Bedeutung der gesellschaftlichen Normativität und für die sich daraus ergebenden sozialen Praktiken zu untersuchen. Nach der Auffassung Freitags liegt die Gabe nicht dem wirtschaftlichen Tausch zugrunde, sondern ebenso wie der wirtschaftliche Tausch ist sie eine historisch situierte Praxis im Dienst der Reproduktion der Gesellschaft.

Ähnlich argumentieren Globalisierungskritiker wie Serge Latouche. Latouche bezweifelt grundsätzlich die Tragfähigkeit einer Gesellschaftstheorie, die sich hauptsächlich auf die Gabe stützt (Latouche 1998). Ähnlich wie Derrida und Freitag stellt Latouche fest, dass in sämtlichen nicht-kapitalistischen Gesellschaften der Welt keine Unterscheidung bzw. Trennung zwischen dem Gabentausch und dem wirtschaftlichen Tausch vorgenommen werde, da in diesen Gesellschaften die kapitalistische Wirtschaft nicht oder kaum entwickelt sei. Eine strikte Unterscheidung dieser zwei Tauschpraktiken bestehe nur in kapitalistischen Gesellschaften, d. h. in Gesellschaften, in denen die kapitalistische Wirtschaftsweise auf fast alle Bereiche des gesellschaftlichen Lebens ausgeweitet wurde. Zudem geht Latouche davon aus, dass das Konzept der Gabe nicht zufällig von westlichen Intellektuellen aufgegriffen und weiterentwickelt worden sei, deren Diskurs und Theorien die unintendierte Folge nach sich zögen, die Gewalt der kapitalistischen Wirtschaft zu rationalisieren und sie damit abzumildern. Gleichsam führe der Gabediskurs und dessen Rhetorik indirekt dazu, Trennung zwischen entwickelten bzw. kapitalistischen Gesellschaften einerseits und nicht-entwickelten Gesellschaften bzw. den Gesellschaften der Gabe andererseits geradezu in Stein zu meißeln, weshalb eben dieser Diskurs in keiner Weise zur kritischen Reflexion über die Transformation der Wirtschaft und den damit verbundenen Veränderungen der Konsumpraktiken in den industriellen Gesellschaften beitrage. Insofern konstatiert Latouche, dass die Diskurse, die von der Rhetorik der Gabe zu leben scheinen, weder darauf abzielen, eine Alternative zum Kapitalismus zu formulieren noch eine andere Form des Zusammenlebens oder ein anderes Gesellschaftsprojekt zu entwickeln und zur Unterstützung eines solchen Projekts Anhänger zu mobilisieren. Im Kontrast dazu bevorzugen die Akteure und Wortführer, die zu diesem Diskurs in dessen Mannigfaltigkeit beitragen, viel eher den Status quo. Für Latouche gelte es daher, dem Gabediskurs eine entschiedene Anti-Globalisierungs-Haltung entgegenzusetzen, die in Solidarität mit nicht-kapitalistischen Ländern nichts anders als eine Gesellschaft des Postwachstums zu unterstützen habe und daran arbeiten müsse, den Lebensstandard in den kapitalistischen Ländern auf das Niveau der nicht-kapitalistischen Länder abzusenken (Latouche 2003).

Dergleichen Deutungen der Mauss'schen Theorie der Gabe, wie sie von Latouche angeboten werden, haben in der Forschung Debatten zu der Frage angeregt, ob die Gabe überhaupt mit modernen Gesellschaften in Verbindung gebracht werden könne. So sprechen sich etwa Chris Hann und Keith Hart dafür aus, dass die Gabe als Matrix der sozialen Praxis nicht nur ein Phänomen von Gesellschaften entfernter Kulturen, sondern auch in unseren zeitgenössischen Gesellschaften von großer Bedeutung sei und zwar weit über die Beschreibung einiger alten Beziehungsmuster vergangener Gesellschaften anderer Kulturen hinausgehend, die ebenfalls in unseren Gesellschaften überlebt hätten. Die Gabe stelle weniger eine Schnittstelle zwischen dem Westen und dem Rest der Welt dar, sondern liefere im eigentlichen Sinne einen Ansatz zur Entdeckung und Entwicklung von alternativen Wegen der Lebensführung in allen Gesellschaften. Ausgehend von diesem Standpunkt spiegele die Gabe die gesamte Vielfalt der Praxis wider, was nach Hart durchaus eine Neubetrachtung und -bewertung von Mauss' Soziologie der Gabe fördern könnte, die Hart insbesondere auf der Grundlage einer Verbindung von Mauss und Karl Polanyi (Hart 2009) im Hinblick auf Polanyis Theorie der menschlichen Ökonomie zu entwickeln vorschlägt (siehe auch Hann und Hart 2011, x). Dabei könne Mauss' Ansatz, die Gabe als Totalität bzw. totale soziale Tatsache zu behandeln, zur Untersuchung der Totalität zeitgenössischer wirtschaftlicher Phänomene eingesetzt und verwendet werden, anstatt weiterhin dabei zuzusehen, wie die Komplexität von Wirtschaftsmärkten lediglich auf Angebots- und Nachfragemechanismen reduziert und primär die Investitions- und Geldpolitik thematisiert werde. Abseits von einem solchen defizitären Fokus sollte die Analyse wirtschaftlicher Phänomene im Rahmen einer Wirtschaftsanthropologie erfolgen, die die zentralen sozialen und kulturellen Mechanismen der Wirtschaft herausstellt und anschließend dazu beiträgt, dass derartige Mechanismen über die Wirtschaft hinausgehend zu Phänomenen der gegenseitigen Anerkennung, der Legitimation und der Macht entwickelt werden (ebd., 9).

5.4 Von der Gabe zu den normativen und politischen Schriften

Die verschiedenen Deutungen von Marcel Mauss' *Die Gabe* bieten nicht nur Raum, um über den Platz der Wirtschaft in der Gesellschaft, über die Beziehung zwischen dem wirtschaftlichen und dem symbolischen Tausch und über sozialanthropologischen Theorien nachzudenken. Mauss' Schrift und deren verschiedene Deutungen fördern ebenfalls die Entwicklung von soziopolitischen Ideen und motivieren zu politischem Engagement. Besonders produktiv wie aktiv sind in dieser Hinsicht Alain Caillé und die Mitglieder der M.A.U.S.S.-Bewegung, die seit ihrer Gründung in den 1980er Jahren nicht nur ein akademisches Anliegen haben – die Diskussion über Mauss und sein Werk –, sondern im Zuge dessen auch eine politische Zielsetzung verfolgen. Dieses von der M.A.U.S.S.-Bewegung ins Leben gerufene politische Projekt im Rahmen des Konvivialismus, das seit mehr als zehn Jahren eine zunehmend strukturiertere Form angenommen hat, dringt auf die Verbesserung des gesellschaftlichen Lebens unter besonderer Berücksichtigung ökologischer Fragen und richtet sich allem voran gegen den Neoliberalismus und seine Ideologie der allgemeinen Optimierung unserer Existenz durch die Anhäufung von materiellen Vorteilen.

Der Konvivialismus, wie er sich seit Beginn der 1970er Jahre entwickelt hat (vgl. Illich 1973), ist sowohl eine Lebensphilosophie als auch eine internationale politische Bewegung, deren zentrale Idee Caillé und die M.A.U.S.S.-Bewegung Anfang der 2010er Jahre aufgegriffen und in Korrespondenz zu ihrer Deutung des Mauss'schen Werks fortentwickelt haben (vgl. Caillé et al. 2020). Aus der Sicht der Konvivialisten motiviert unsere liberale Gesellschaftsordnung die Menschen dazu, sich gegenseitig zu zerfleischen, während unsere Gesellschaften eigentlich zur Zusammenarbeit angespornt werden sollten sowie deren harmonische und optimale Entwicklung unter Berücksichtigung individueller Differenzen und unter Schonung des Planeten zu fördern ist. Diese Botschaft, die die zentralen Kerngedanken des Konvivialismus zusammenfasst, steht im Mittelpunkt des ersten Manifests von 2013, in dem die Grundprinzipien der Bewegung dargelegt werden (Les Convivialistes 2013, 2014a). Ein zweites, breiter angelegtes Manifest, das zum einen einige Jahre später publiziert wurde und zum anderen die Prinzipien verallgemeinert und sie auf eine internationale Ebene hebt, hat zur besseren Sichtbarkeit der Bewegung beigetragen, Sympathisanten mobilisiert und zu einer Erhöhung der Mitgliederzahl geführt (Convivialist International 2020; für eine englische Zusammenfassung siehe Convivialist International 2020). 46 Intellektuelle und Wissenschaftler um Alain Caillé, hauptsächlich aus dem französischen Sprachraum, unterstützten das erste Manifest, dessen deutschsprachige Ausgabe von Frank Adloff eingeleitet (Les Convivialistes 2014b) und dessen englischsprachige Ausgabe von Margaret Clarke übersetzt wurde (Les Convivialistes 2014a). Das zweite Manifest wurde demgegenüber bereits von mehr als 300 internationalen Intellektuellen und Wissenschaftlern unterzeichnet, von denen viele mittelbar bis gar nicht oder nur lose mit der M.A.U.S.S.-Bewegung verbunden sind – darunter so namenhafte Persönlichkeiten wie Edgar Morin, Noam Chomsky, Bruno Latour, Wendy Brown, Hartmut Rosa, Axel Honneth, Eve Chiapello, Frédéric Vandenberghe, Pierpaolo Danati, Jean Ziegler, Kari Polany-Levitt, Fabienne Brugère, Philippe Descola oder Chantal Mouffe. Den Konvivialisten geht es nicht primär um Mauss und seine Theorie der Gabe, sondern sie verfolgen ein globales Projekt, das auf der Grundlage einer begrenzten Anzahl von Prinzipien, die sie als wesentlich für das Leben in den heutigen Gesellschaften bzw. für eine neue „Kunst des Zusammenlebens" verstehen, Antworten auf zeitgenössische soziale Fragen anbietet (vgl. Convivialistes 2014a, Convivialist International 2020; siehe auch https://convivialisme.org/).

Während im Rahmen des ersten Manifests die vier Grundprinzipien des Konvivialismus definiert werden (Les Convivialistes 2014a, 30–31), wird diesen

5.4 Von der Gabe zu den normativen und politischen Schriften

im zweiten Manifest ein weiteres Prinzip hinzugefügt und ein Imperativ formuliert (Convivialist International 2020, 7–8). Die vier Prinzipien des ersten Manifests lauten wie folgt: Das erste Prinzip hebt die uns allen gemeinsame Menschlichkeit hervor. Jeder Einzelne muss die Menschlichkeit im Allgemeinen und in jedem anderen Menschen im Besonderen respektieren. Das zweite Prinzip bezieht sich auf die Sozialität und betont, dass der grundlegende, konkrete und unveräußerliche Reichtum unserer Gesellschaften in erster Linie aus den sozialen Beziehungen zwischen den Menschen hervorgeht. Das dritte Prinzip unterstreicht den Wert der Individualität, wonach sich zwar jeder Einzelne in unseren modernen Gesellschaften selbst behaupten können muss, gleichzeitig aber die Selbstbehauptung nicht die Freiheit und Einzigartigkeit anderer Menschen zu beeinträchtigen hat. Das vierte Prinzip zielt auf die Notwendigkeit ab, eine konstruktive Konfliktkultur zwischen den Individuen einerseits und zwischen diesen Individuen und den kollektiven Akteuren der Gesellschaft, etwa in Form von Institutionen oder Organisationen, andererseits zu etablieren. Das fünfte Prinzip, dass diesen vier Grundprinzipien im Rahmen des zweiten konvivialistischen Manifests zur Seite gestellt wird, vervollständigt die Kunst des Miteinanderlebens um das Prinzip der gemeinsamen Natürlichkeit, d. h. die Berücksichtigung zeitgenössischer ökologischer Fragen. Wir haben nur eine Natur, von der wir ein Teil sind, und wir müssen uns um sie kümmern. Der Imperativ, den die Konvivialisten formulieren und der quer zu diesen fünf Prinzipien liegt, gilt der Kontrolle der Hybris. Jeder muss sein Begehren nach Größe und sein Streben nach Ehrgeiz kontrollieren und zügeln, um in die Zusammenarbeit zwischen Menschen zu investieren, wodurch schließlich alle konvivialistischen Prinzipien gleichermaßen unterstützt werden.

Mit seiner Kritik des Neoliberalismus verbindet das konvivialistische Projekt erstens die Forderung nach einer besseren Umverteilung von Ressourcen, insbesondere von wirtschaftlichen Ressourcen. Zweitens sprechen sich die Befürworter und Repräsentanten des Projekts für die Beteiligung der Bürger an politischen Entscheidungen aus und unterstützen drittens die Produktion konkreter, wissenschaftlich fundierter Tatsachen, um das öffentliche und das politische Bewusstsein der Einzelnen für soziale Probleme zu schärfen und im Anschluss daran die Macht gerechter zu verteilen. Schließlich setzen sich die Fürsprecher des Konvivialismus für die demokratische Nation ein, die insofern für die Pluralität von Kulturen, Glaubensrichtungen, Geschlechtern, d. h. für ein hohes Maß an Diversität, offen ist, als jene Pluralität die Einheit der Nation unberührt beließe und diese nicht gefährde. Die Konvivialisten halten diese Ziele für durchaus realisierbar, da sich die Menschen über die widrigen Bedingungen, unter denen sie leben, mehr und mehr empören, was wiederum das Zusammengehörigkeitsgefühl der Menschheit zu stärken imstande sei. Obwohl die Konvivialisten politisch engagiert sind, beanspruchen sie weder den Status einer politischen Partei für sich, noch stellen sie einen Verein oder eine NGO dar. Vielmehr handelt es sich um ein Netzwerk von Intellektuellen, Wissenschaftlern, Journalisten und Mitgliedern verschiedener mehr oder weniger institutionalisierter Gruppen, die den Weg für eine neue, auf konvivialistischen Prinzipien beruhende Gesellschaft bahnen wollen.

5.5 Schlusswort

Die zahlreichen Anschlüsse an Marcel Mauss zeigen, dass sein Werk und darunter besonders sein *Essai sur le don* die Arbeiten in den gegenwärtigen Geistes- und Sozialwissenschaften auf unterschiedlichen Ebenen weiterhin stimuliert. Das Werk von Mauss hat zu zahlreichen Neuentdeckungen, Erneuerungen und der Entwicklung neuer Forschungsfelder in der Soziologiegeschichte beigetragen, die allesamt ebenso unter Rekurs auf Mauss im Umfeld von Durkheim und den *Durkheimiens* angestoßen wurden, wie an der Schnittstelle zwischen der französischen und anderen Soziologietraditionen anzusiedeln sind. Mauss' Themen und Konzepte haben dementsprechend in bedeutsamer Weise sowohl zur Entwicklung des methodologischen Rahmens gewichtiger Theorien als auch zur Fundierung und Stabilisierung neuer theoretischer Paradigmen in den Sozialwissenschaften wie etwa dem Strukturalismus, dem Sozialkonstruktivismus und den relationalen Ansätzen in den Sozialwissenschaften beigetragen. Mauss' *Essai sur le don* hat die Forschung transdisziplinär in sehr unterschiedlichen Bereichen wie u. a. der Paläontologie, der Archäologie, der Geschichte, der Sozialanthropologie, der Philosophie, den Wirtschaftswissenschaften und der Soziologie inspiriert. Seine Auffassung und sein Verständnis von der Gabe als Felsen der Gesellschaften wird auch heute noch kontrovers debattiert, wobei diese Debatten nach wie vor das ihre zu unterschiedlichen Vorschlägen beisteuern, die von der Entwicklung neuer theoretischer Rahmen und Theorien bis zur Beschäftigung mit konkreten sozialen und politischen Fragen reichen. Diese Vielfalt an Debatten und Vorschlägen trägt zur Entwicklung eines weiten Feldes interdisziplinärer Fragestellungen und Gegenstände bei, die Überlegungen zur Veränderung der Formen unserer primären Tauschpraktiken und, allgemeiner gesprochen, zur Frage des Verhältnisses von Wirtschaft und Gesellschaft anregen. Mauss' Werk erweist sich in dieser Hinsicht als unerschöpflicher Quell innovativer Denkansätze für gegenwärtige und künftige Geistes- und Sozialwissenschaftler:innen und als eine kaum zu überschätzende Inspirationsquelle für die Gestaltung des künftigen gesellschaftlichen Lebens.

Literatur

Adloff, F. 2017. *Gifts of Cooperation, Mauss and Pragmatism*. London: Routledge.
Anspach, M.R. 2002. *A charge de revanche*. Paris: Seuil.
Appadurai, A. 1986. *The social life of things: commodities in cultural perspective*. Cambridge: Cambridge University Press.
Bataille, G. 2000. *La part maudite*. Paris: Minuit.
Beckert, J. 2009. „The Social Order of Markets." *Theory and Society* 38: 245–69.
Benthien, R. F., Ch. Labaune, und Ch. Lorre. 2021. *Henri Hubert et Marcel Mauss. Correspondance (1897–1927)*. Paris: Classiques Garnier.
Besnard, Ph. 1979. „La formation de l'équipe de L'Année sociologique." *Revue française de sociologie* 20: 7–31.
Besnard, Ph. 2003. *Études durkheimiennes*. Genève: Droz.
Bestor, J.F. 1999. „Marriage Transactions in Renaissance Italy and Mauss's Essay on the Gift." *Past & Present* 164: 6–46.
Bleiberg, E. 1996. *The Official Gift in Ancient Egypt*. Norman and London: University of Oklahoma Press.
Borlandi, M., und M. Cherkaoui. 2000. *Le suicide. Un siècle après Durkheim*. Paris: Presses Universitaires de France.
Borlandi, M., und L. Mucchielli. 1996. *La sociologie et sa méthode: Les règles de Durkheim un siècle après*. Paris: L'Harmattan.
Boudon, R. 2011. *Durkheim fut-il durkheimien? Actes du colloque organisé les 4 et 5 nov. 2008 par l'Académie des Sciences morales et politiques*. Paris: Armand Colin.
Bourdieu, P. 1972. *Esquisse d'une théorie de la pratique*. Paris: Librairie Droz.
Boursin, M.-L. 2017. „À l'heure de la prière: entre pratiques et expérimentations." *Ethnologie française* 47 (4): 623–35.
Braudel, F. 1967. *Civilisation matérielle, économie et capitalisme (XVe–XVIIIe siècle). Vol. I*. Paris: Armand Colin.
Brown, P. 1992. *Power and Persuasion in Late Antiquity. Towards a Christian Empire*. Madison: University of Wisconsin Press.
Cahill, N. 1985. „The Treasury at Persepolis: Gift-Giving at the City of the Persians." *American Journal of Archaeology* 89 (3): 373–89.
Caillé, A. 2013. „Jouer/Donner." *Revue du MAUSS* 41 (1): 241–64.
Caillé, A. 1994. *Don, intérêt et désintéressement*. Paris: La Découverte.
Caillé, A. 2008. *Anthropologie der Gabe*. Frankfurt am Main: Campus.
Caillé, A., M. Humbert, S. Latouche, und P. Viveret. 2020. *De la convivialité. Dialogues sur la société conviviale à venir*. Paris: La Découverte.
Caillé, A., und F. Vandenberghe. 2021. *For a New Classic Sociology. A Proposition, Followed by a Debate*. London: Routledge.

Camerer, C.F. 1988. „Gifts as Economic Signals and Social Symbols." *American Journal of Sociology* 94: 180–214.
Carbonnier, J. 1978. *Sociologie juridique*. Paris: Presses Universitaires de France.
Case, S. 1976. „Social Distance and Exchange: The Coast Salish Case." *Ethnology* 15 (4): 323–47.
Chadefaud, C. 1979. „Donations de terres et culte des statues pharaoniques au Nouvel Empire (1580-1085 av. J.-C)." *L'Information Historique* 41 (3): 107–14.
Charvát, P. 1993. „Prehistoric Exchange on the Iraqi Territory: A Few Comments." *Altorientalische Forschungen* 20: 21–23.
Chazel, F. 2000. „Émile Durkheim et l'élaboration d'un ‚programme de recherche' en sociologie du droit." In *Aux fondements de la sociologie*, hrsg. v. F. Chazel, 167–82. Paris: Presses Universitaires de France.
Cheal, D. 1988. *The Gift Economy*. London: Routledge.
Clark, T. 1973. *Prophets and Patrons: The French University and the Emergence of the Social Sciences*. Cambridge: Harvard University Press.
Collins, R. 2014. „Durkheim: Via Fournier, via Lukes." *Theory and Society* 43: 667–73. https://doi.org/10.1007/s11186-014-9228-1.
Conklin, A. 2002. „The New ‚Ethnology' and ‚La Situation Coloniale' in Interwar France." *French Politics, Culture & Society* 20 (2): 29–46.
Convivialist International. 2020. „The Second Convivialist Manifesto: Towards a Post-Neoliberal World". *Civic Sociology* 1: 12721. https://doi.org/10.1525/001c.12721.
Curta, F. 2006. „Merovingian and Carolingian Gift Giving." *Speculum* 81 (3): 671–99.
Davis, N.Z. 2000. *The Gift in Sixteenth-Century France*. Madison and London: The University of Wisconsin Press.
Deremetz, A. 1994. „La prière en représentation à Rome: De Mauss à la pragmatique contemporaine." *Revue de l'histoire des religions* 211 (2): 141–65.
de Roover, R. 1967. „The Scholastics, Usury, and Foreign Exchange." *The Business History Review* 41 (3): 257–71.
Derrida, J. 1992. „Donner la mort." In *L'éthique du don. Jacques Derrida et la pensée du don*, hrsg. v. J.-M. Rabaté und M. Wetzel, 11–108. Paris: Galilée.
di Donato, R. 1996. „Marcel Mauss et la Völkerpsychologie." *Revue européenne des sciences sociales* 34 (105): 67–74.
Di Filippo, L. 2014. „Contextualiser les théories du jeu de Johan Huizinga et Roger Caillois." *Questions de communication* 25: 281–308.
Donati, P. 1991. *Teoria relazionale della società*. Milan: Angeli.
Donati, P. 2003. „Giving and Social Relations: The Culture of Free Giving and Its Differentiation Today." *International Review of Sociology* 13 (2): 243–72.
Donati, P. 2011. *Relational Sociology. A New Paradigm for the Social Sciences*. London: Routledge.
Duby, G. 1973. *Guerriers et paysans, VIIè-XIIè siècle. Premier essor de l'économie européenne*. Paris: Gallimard.
Duvignaud, J. 1974. „Pour Roger Bastide." *Cahiers Internationaux de Sociologie* 57: 291–96.
Fehr, E., und S. Gächter. 2000. „Fairness and Retaliation: The Economics of Reciprocity." *Journal of Economic Perspectives* 14: 159–81.
Filloux, J.-C. 1977. *Durkheim et le socialisme*. Genève: Droz.
Finley, M.I. 1988. *The World of Odysseus*. London: Chatto; Windus.

Fournier, M. 1994. *Marcel Mauss*. Paris: Fayard.
Freitag, M. 2007. *Emile Durkheim 1858–1917*. Paris: Fayard.
Freitag, M. 1986a. *Dialectique et société I*. Lausanne: L'Âge d'Homme.
Freitag, M. 1986b. *Dialectique et société II*. Lausanne: L'Âge d'Homme.
Gane, M. 1984. „Institutional Socialism and the Sociological Critique of Communism (Introduction to Durkheim and Mauss)." *Economy and Society* 13: 304–30.
Girard, R. 1972. *La violence et le sacré*. Paris: Grasset.
Girard, R. 1978. *Des choses cachées depuis la fondation du monde*. Paris: Grasset.
Girard, R. 1982. *Le bouc émissaire*. Paris: Grasset.
Godelier, M. 1977. *Perspectives in Marxist anthropology*. Cambridge: Cambridge University Press.
Gouldner, A. 1960. „The Norm of Reciprocity: A Preliminary Statement." *American Sociological Review* 25: 161–78.
Gregory, C.A. 1982. *Gifts and commodities*. London: Academic Press.
Grierson, P. 1959. „Commerce in the Dark Ages: A Critique of the Evidence." *Transactions of the Royal Historical Society* 5 (5): 129–40.
Gurevich, A.I. 1968. „Wealth and Gift-Bestowal Among the Ancient Scandinavians." *Scandinavica* 7: 126–38.
Gurvitch, G. 1935. „Remarques sur la classification des formes de la sociabilité. Analyse critique des doctrines en présence." *Archives de Philosophie du Droit et de Sociologie juridique* 5: 43–91.
Hann, C., und K. Hart. 2011. *Economic Anthropology. History, Ethnography, Critique*. Cambridge: Polity.
Hart, K. 2009. „Money in the making of world society". In *Market and Society. The Great Transformation Today*, hrsg. v. C. Hann und K. Hart, 91–105. Cambridge: Cambridge University Press.
Headley, S. 1994. „Pour une anthropologie de la prière." *L'Homme* 34 (132): 7–14.
Heilbron, J. 2015. *French Sociology*. Ithaca & London: Cornell University Press.
Hénaff, M. 2002. *Le prix de la vérité*. Paris: Seuil.
Howell, M.C. 2010. *Commerce before Capitalism in Europe, 1300-1600*. Cambridge: Cambridge University Press.
Illich, I. 1973. *Tools for conviviality*. New York: Harper and Row.
Internationale Convivialiste. 2020. *Second Manifeste convivialiste. Pour un monde post-néolibéral*. Paris: Actes Sud.
Janssen, J.J. 1981. „Die Struktur der pharaonischen Wirtschaft." *Göttinger Miszellen* 48: 59–77.
Janssen, J.J. 1988. „On Prices and Wages in Ancient Egypt." *Altorientalische Forschungen* 15 (1): 10–23.
Jobert, P. 1977. *La notion de donation: Convergences, 630–750*. Dijon: Société Les Belles Lettres.
Karsenti, B. 2004. „‚Nul n'est Censé Ignorer La Loi'. Le Droit Pénal, de Durkheim à Fauconnet." *Archives de Philosophie* 67 (4): 557–81.
Kettering, S. 1993. „Brokerage at the Court of Louis XIV." *The Historical Journal* 36 (1): 69–87.
Lacroix, B. 1981. *Durkheim et le politique*. Paris: Les Presses de Sciences Po.
Latouche, S. 1998. „Le don est-il l'autre paradigme?" *Revue du MAUSS* 12: 311–22.

Latouche, S. 2003. „Pour une société de la décroissance." *Le Monde diplomatique*, 18–19.
Le Breton, D. 2004. *Le théâtre du monde: Lecture de Jean Duvignaud*. Laval: Presses de l'Université Laval.
Le Goff, J. 2010. *Le Moyen Age et l'argent: Essai d'anthropologie historique*. Paris: Perrin.
Les Convivialistes. 2013. *Manifeste convivialiste. Déclaration d'interdépendance*. Lormont: Le bord de l'eau.
Les Convivialistes. 2014a. *Convivialist Manifesto. A declaration of interdependence*. Duisburg: Käte Hamburger Kolleg/Centre for Global Cooperation Research (KHK / GCR21).
Les Convivialistes. 2014b. Das Konvivialistische Manifest. Für eine neue Kunst des Zusammenlebens. Bielefeld: Transkript.
Lévi-Strauss, C. 2012. *Introduction à l'oeuvre de Marcel Mauss*. Paris: Presses Universitaires de France.
Lévi-Strauss, C. 1992. *Die elementaren Strukturen der Verwandtschaft*. Frankfurt am Main: Suhrkamp.
Little, L. K. 1978. *Religious Poverty and the Profit Economy in Medieval Europe*. Ithaca: Cornell University.
Lukes, S. 1973. *Emile Durkheim. His Life and Work*. New York: Penguin Books.
Marcel, J.-Ch. 2003. „Bataille and Mauss: A Dialogue of the Deaf?" *Economy and Society* 32 (1): 141–52. https://doi.org/10.1080/0308514032000045816.
Mathiowetz, D. 2007. „The Juridical Subject of ‚Interest'." *Political Theory* 35 (4): 468–93.
Mauss, M. 1999. *Sociologie et anthropologie*. Paris: Presses Universitaires de France.
McIntosch, J. 2006. *Handbook to Life in Prehistoric Europe*. Oxford: Oxford University Press.
Moebius, S. 2006. *Die Zauberlehrlinge. Soziologiegeschichte des Collége de Sociologie (1937–1939)*. Konstanz: UVK.
Moebius, S. 2012. „Die Religionssoziologie von Marcel Mauss." In *Marcel Mauss. Schriften zur Religionssoziologie*, hrsg. v. S. Moebius, F. Nungesser, und Ch. Papilloud, 617–82. Berlin: Suhrkamp.
Morris, I. 1986. „Gift and Commodity in Archaic Greece." *Man* 21 (1): 1–17.
Nancy, J.-L. 1988. *Die undarstellbare Gemeinschaft*. Stuttgart: Patricia Schwartz.
Noreau, P., und A.-J. Arnaud. 1998. „The Sociology of Law in France: Trends and Paradigms." *Journal of Law & Society* 25 (2): 257–73.
Olson, C. 2002. „Excess, Time, and the Pure Gift: Postmodern Transformations of Marcel Mauss' Theory." *Method & Theory in the Study of Religion* 14 (3-4): 350–74.
Poncela, P. 1977. „Autour de l'ouvrage de Paul Fauconnet: une dimension sociologique de la responsabilité pénale." *Archives de philosophie du droit* 22: 131–42.
Price, S. 1978. „Reciprocity and Social Distance: A Reconsideration." *Ethnology* 17 (3): 339–51.
Rol, C. 2012. „Animisme et totemisme : Durkheim vs Wundt." *L'Année sociologique* 62 (2): 351–66. https://doi.org/10.3917/anso.122.0351.
Sahlins, M. 1972. *Stone Age Economics*. New York: Aldin de Gruyter.
Schick, J. F. M, Schmidt, M. und M. Zillinger. 2022. *The Social Origins of Thought. Durkheim, Mauss, and the Category Project*. New York: Berghahn Books.
Schüttpelz, E. 2014. „,Gift, gift' – La terminologie du don chez Marcel Mauss", *Trivium*, 17. https://doi.org/10.4000/trivium.4873.

Shovlin, J. 2000. "Toward a Reinterpretation of Revolutionary Antinobilism: The Political Economy of Honor in the Old Regime." *The Journal of Modern History* 72 (1): 35–66.

Silber, I.F. 1995. "Gift-Giving in the Great Traditions: The Case of Donations to Monasteries in the Medieval West." *Archives européennes de sociologie* 36: 209–43.

Smith, J.M. 1993. "'Our Sovereign's Gaze': Kings, Nobles, and State Formation in Seventeenth-Century France." *French Historical Studies* 18 (2): 396–415.

Stark, O. 1995. *Altruism and Beyond: An Economic Analysis of Transfers and Exchange Within Families and Groups*. Cambridge: Cambridge University Press.

Steiner, Ph. 2005. *L'École durkheimienne et l'économie. Sociologie, religion et connaissance*. Genève: Droz.

Swedberg, R. 1990. "Vers une nouvelle sociologie économique. L'évolution récente des rapports entre la science économique et la sociologie." *Revue du MAUSS* 9: 33–71.

Testart, A. 2001. "Echange marchand, échange non marchand." *Revue française de sociologie* 42 (4): 719–48.

Thomas, J., und T. Worrall. 2002. "Gift-Giving, Quasi-Credit and Reciprocity." *Rationality and Society* 14 (3): 308–52.

Van Der Mije, S.R. 1987. "'Achiles' God-Given Strength." *Mnemosyne* XL (3–4): 241–67.

Veyne, P. 1976. *Le Pain et le cirque. Sociologie historique d'un pluralisme politique*. Paris: Seuil.

Vilches, E. 2004. "Columbus's Gift: Representations of Grace and Wealth and the Enterprise of the Indies." *MLN* 119 (2): 201–25.

Weiner, A.B. 1980. "Reproduction: A Remplacement for Reciprocity." *American Ethnologist* 7 (1): 71–86.

Weiner, A.B. 1985. "Inalienable Wealth." *American Ethnologist* 12 (2): 210–28.